Márcia Carvalho

INICIAÇÃO
À PESQUISA
EM MÚSICA

SÉRIE EDUCANDO PARA A MÚSICA

Rua Clara Vendramin, 58 . Mossunguê
CEP 81200-170 . Curitiba . PR . Brasil
Fone: (41) 2106-4170
www.intersaberes.com
editora@intersaberes.com

Conselho editorial
Dr. Alexandre Coutinho Pagliarini
Dr.ª Elena Godoy
Dr. Neri dos Santos
Dr. Ulf Gregor Baranow

Editora-chefe
Lindsay Azambuja

Gerente editorial
Ariadne Nunes Wenger

Assistente editorial
Daniela Viroli Pereira Pinto

Preparação de originais
Fabielle Gonçalves Gineste Olsemann

Edição de texto
Guilherme Conde Moura Pereira
Palavra do Editor

Capa e projeto gráfico
Charles L. da Silva
Zarya Maxim Alexandrovich/ Shutterstock (imagem de capa)

Diagramação
Fabio Vinicius da Silva

Designer **responsável**
Charles L. da Silva

Iconografia
Maria Elisa Sonda
Regina Claudia Cruz Prestes

Dados Internacionais de Catalogação na Publicação (CIP)
(Câmara Brasileira do Livro, SP, Brasil)

Carvalho, Márcia
  Iniciação à pesquisa em música/Márcia Carvalho. Curitiba: InterSaberes, 2022. (Série Educando para a Música)

  Bibliografia.
  ISBN 978-65-5517-273-7

  1. Música - Instrução e estudo 2. Musicologia I. Título II. Série.

21-90170   CDD-780.72

Índices para catálogo sistemático:
1. Música: Pesquisa   780.72

Cibele Maria Dias - Bibliotecária - CRB-8/9427

1ª edição, 2022.

Foi feito o depósito legal.

Informamos que é de inteira responsabilidade da autora a emissão de conceitos.

Nenhuma parte desta publicação poderá ser reproduzida por qualquer meio ou forma sem a prévia autorização da Editora InterSaberes.

A violação dos direitos autorais é crime estabelecido na Lei n. 9.610/1998 e punido pelo art. 184 do Código Penal.

- 8 Apresentação
- 11 Como aproveitar ao máximo este livro
- 14 Introdução

Capítulo 1
20 Pressupostos da pesquisa em música

- 21 1.1 Antecedentes
- 35 1.2 Campo de estudo
- 42 1.3 Teóricos
- 45 1.4 Contribuições para a teoria da pesquisa sobre música
- 54 1.5 Paradigmas para a pesquisa em música

Capítulo 2
64 Paradigmas da pesquisa em música

- 65 2.1 Importância da pesquisa em música
- 68 2.2 Construção de um projeto de pesquisa
- 73 2.3 Métodos e técnicas de pesquisa
- 83 2.4 Objetivos da pesquisa em música
- 86 2.5 Teorias de apoio à pesquisa em música

Capítulo 3
95 Conceitos importantes da pesquisa em música

- 96   3.1 Escolha do objeto de pesquisa em música
- 99   3.2 Fazer e compreender
- 102 3.3 Real, possível e necessário
- 104 3.4 Experiência musical e sua prática na pesquisa
- 109 3.5 Abstração simples e abstração refletidora

Capítulo 4
116 Implicações educacionais

- 117 4.1 Escola de Frankfurt e pensamento adorniano
- 121 4.2 Contribuição da filosofia para a pesquisa em música
- 126 4.3 Conhecimento adequado para a pesquisa em música
- 127 4.4 Avanços das pesquisas em música no século XX
- 131 4.5 Teoria e desenvolvimento das pesquisas em música

Capítulo 5
139 Projeto de pesquisa

- 140 5.1 Determinação do tema-problema e das hipóteses
- 144 5.2 Elaboração da justificativa
- 146 5.3 Definição dos objetivos

147	5.4 Fundamentação teórica
148	5.5 Metodologia de pesquisa
151	5.6 Redação do texto
159	5.7 Aplicação da técnica e estruturação do projeto

Capítulo 6
172 Linhas de pesquisa

173	6.1 Ensino e aprendizagem de música em escolas de educação básica e escolas especializadas em música
181	6.2 Etnomusicologia como opção de pesquisa
186	6.3 Composição e sonologia
191	6.4 Musicologia, estética musical e interfaces
202	6.5 Teoria e análise musical
212	Considerações finais
215	Referências
237	Bibliografia comentada
240	Respostas
246	Sobre a autora

A Carmen Lucia José, na memória.

Agradeço a Heloísa de
Araújo Duarte Valente pela
confiança depositada na
construção deste livro.

APRESENTAÇÃO

O propósito desta obra é dialogar com os leitores sobre algumas questões referentes à pesquisa em música, estruturando um guia estimulante para a iniciação científica no campo musical e desvendando a metodologia científica na prática. O livro é projetado para alunos de graduação em Música, mas também pode ser utilizado por estudantes de outras áreas interessados nas diversas interfaces da pesquisa em música.

No campo da música, a pesquisa considera particularidades dos conhecimentos estético e histórico atrelados ao saber científico. Ensinar e estudar música são também atos de pesquisa na medida em que o próprio fazer estético musical (interpretar, compor, reger) envolve a busca por repertórios, práticas e técnicas. Assim, existe uma relação bem próxima entre a prática musical e a reflexão teórica, o que permite ampliar possibilidades criativas e técnicas.

Com viés informativo e prático, esta obra apresenta as principais diretrizes sobre os métodos e as técnicas necessárias para a pesquisa em música, evidenciando seu amplo campo de conhecimento, seus antecedentes filosóficos, seus domínios, suas perspectivas, novos temas e linhas de pesquisa. Nesse percurso, o livro está organizado em seis capítulos.

O primeiro capítulo introduz os pressupostos filosóficos da pesquisa em música, abordando os antecedentes da reflexão sobre música com base na história da filosofia ocidental. Nesse sentido, são examinadas as filosofias grega, medieval, moderna e contemporânea, considerando-se o pensamento musical de Platão, Aristóteles, Santo Agostinho, Boécio, René Descartes, Jean-Jacques Rousseau, Immanuel Kant, Friedrich Hegel, Friedrich Nietzsche e Theodor Adorno. O capítulo discute, ainda, como se forma a área de música na academia, ressaltando os pontos principais contemplados na área, seus pensamentos teóricos e paradigmas de pesquisa.

O segundo capítulo destaca a importância da pesquisa em música, seus métodos, objetivos e teorias de apoio. Trata de maneira introdutória dos fundamentos de um projeto de pesquisa na área, apontando alguns de seus principais elementos para debate e contextualização. Explica as etapas da elaboração desse tipo de projeto e a relevância da escolha de seu tema, enfocando a escolha de um objeto de estudo, bem como a definição dos métodos, das técnicas e dos objetivos da pesquisa.

O terceiro capítulo aborda algumas implicações das teorias sobre o desenvolvimento cognitivo e de aprendizagem de Jean Piaget para a pesquisa e a educação musical. Também focaliza a valorização da vivência do fazer musical e como essa experiência prática pode transformar-se em temas e objetos de pesquisa nessa área do conhecimento.

O quarto capítulo é dedicado aos desdobramentos da investigação sobre música e educação em várias vertentes. Nessa perspectiva, destacam-se a teoria crítica da Escola de Frankfurt, o pensamento de Adorno sobre a educação, as contribuições da filosofia e do ato de filosofar para a pesquisa em música e os avanços históricos e teóricos desta no século XX.

O quinto capítulo enfoca as exigências metodológicas da elaboração de um projeto científico, elucidando as diretrizes básicas de sua estrutura e composição. De maneira prática, funciona como referência para projetos de iniciação científica e trabalhos de conclusão de curso (TCCs), além de poder ser utilizado como base para projetos de pós-graduação. Trata-se, portanto, de uma proposta para construir um projeto de pesquisa, percorrendo suas etapas e itens essenciais, desde a determinação e a delimitação do tema até a redação do texto.

O sexto capítulo apresenta brevemente as características das principais linhas de pesquisa da área de música – educação musical, etnomusicologia, composição, sonologia, musicologia e suas vertentes, estética musical, teoria e análise musical e suas interfaces interdisciplinares –, destacando algumas referências fundamentais e aportes históricos e teóricos.

COMO APROVEITAR AO MÁXIMO ESTE LIVRO

Empregamos nesta obra recursos que visam enriquecer seu aprendizado, facilitar a compreensão dos conteúdos e tornar a leitura mais dinâmica. Conheça a seguir cada uma dessas ferramentas e saiba como estão distribuídas no decorrer deste livro para bem aproveitá-las.

Primeiras notas

Logo na abertura do capítulo, informamos os temas de estudo e os objetivos de aprendizagem que serão nele abrangidos, fazendo considerações preliminares sobre as temáticas em foco.

Resumo da ópera

Ao final de cada capítulo, relacionamos as principais informações nele abordadas a fim de que você avalie as conclusões a que chegou, confirmando-as ou redefinindo-as.

Teste de som

Apresentamos estas questões objetivas para que você verifique o grau de assimilação dos conceitos examinados, motivando-se a progredir em seus estudos.

Treinando o repertório

Aqui apresentamos questões que aproximam conhecimentos teóricos e práticos a fim de que você analise criticamente determinado assunto.

Bibliografia comentada

Nesta seção, comentamos algumas obras de referência para o estudo dos temas examinados ao longo do livro.

INTRODUÇÃO

Ao escrever uma peça musical, qualquer compositor, popular ou erudito, combina simultaneamente diversos elementos musicais que chamamos de *componentes básicos da música*: melodia, harmonia, ritmo, timbre, forma e tessitura. No percurso da elaboração de um projeto de pesquisa na área de música, qualquer pesquisador também precisa trilhar um caminho metodológico formado por componentes básicos: uma introdução, que apresenta seu tema; uma justificativa, que aponta sua importância; os objetivos, que indicam seus propósitos; uma metodologia e um referencial teórico, que são os métodos, conceitos e teorias a serem utilizados; uma breve revisão da literatura; e as referências bibliográficas, que explicitam as fontes e o diálogo com autores e pesquisadores que já abordaram o tema.

Nesse sentido, este livro visa compor um guia para a iniciação científica no campo da música, com um breve mapeamento dos domínios, das metodologias e das perspectivas da pesquisa em música no Brasil. Assim, busca-se oferecer uma apresentação sintética e introdutória sobre os pressupostos, as linhas de pesquisa e os novos temas de pesquisa ao expor suas diferentes subáreas e interfaces interdisciplinares. Para isso, esta obra detalha o contexto histórico da pesquisa em música, particularmente no Brasil, e enfoca suas estratégias metodológicas, a fim de favorecer o domínio e a fluência da leitura de textos científicos que possibilitem a escrita de projetos de pesquisa realizados na graduação.

Nas universidades, existem muitas dificuldades para a normatização da pesquisa em artes e criação artística. Atualmente, a pesquisa em música não ocorre somente nos cursos de graduação e pós-graduação em Música, estendendo-se por outros campos de conhecimento, como a filosofia, a história, a comunicação e a educação, com novos paradigmas interdisciplinares. São inúmeros os trabalhos de natureza metodológica, sociológica, etnológica e histórica publicados em livros e revistas especializadas, constituindo-se um referencial que cria uma bagagem ampla e diversa em seus domínios, objetos, métodos e abordagens.

Essa realidade revela que não existe uma área isolada no conhecimento musical. Além disso, a pesquisa científica na graduação configura-se como um instrumento importante de formação intelectual e amadurecimento dos alunos diante de reflexões críticas e analíticas de seu campo de saber, ampliando seu repertório teórico e sua capacidade reflexiva, bem como estabelecendo sua iniciação no processo de produção de conhecimento.

Como explicou Antônio Joaquim Severino (2016), o ensino superior tem uma tríplice finalidade – profissionalizar, iniciar na prática científica e formar a consciência político-social do aluno, levando-o a refletir sobre sua existência e sua atuação como cidadão. Ainda segundo o filósofo, para dar conta desse compromisso, todas as universidades desenvolvem atividades de ensino, pesquisa e extensão, articuladas numa perspectiva de contribuição para a sociedade.

Portanto, a pesquisa torna-se fundamental como geradora de conhecimento e prática da cidadania. Em decorrência disso, na graduação, proporciona ao aluno uma vivência privilegiada voltada ao aprendizado e ao desenvolvimento de seu pensamento crítico e reflexivo. Afinal, para se fazer pesquisa em música, é necessário ter curiosidade, criatividade, senso questionador e postura ética. Essas características, somadas ao gosto pela leitura e à prática da metodologia científica, são instrumentos para a construção e a produção de conhecimento na área.

Entre as modalidades de trabalhos científicos na graduação, o temido trabalho de conclusão de curso (TCC) é parte integrante da atividade curricular de muitos cursos de bacharelado e licenciatura. Por sua natureza, sua realização segue as diretrizes da metodologia científica. Articulado ao próprio conteúdo e perfil do curso e de suas disciplinas e atividades, o TCC pode ser um trabalho teórico ou teórico-prático, devidamente planejado como instrumento de avaliação, na verificação e no acompanhamento do aluno em seus processos de elaborar, assimilar e expressar os conhecimentos adquiridos ao longo do curso.

De maneira geral, a finalidade do TCC consiste em exigir do aluno de graduação um trabalho de pesquisa científica, em que demonstre domínio conceitual e teórico de sua área de formação, abordando, de maneira introdutória, questões e experiências de produção profissional específica de seu curso. Vale destacar que as universidades e os cursos têm autonomia para elaborar seus regulamentos de TCC de acordo com os respectivos planos de desenvolvimento institucional e projetos político-pedagógicos.

A realização do TCC é uma exigência curricular dos dois últimos semestres de muitos cursos de graduação, nas habilidades de bacharelado ou licenciatura, independentemente do número de semestres estipulados para a integralização da matriz curricular.

Esse trabalho é acompanhado e orientado por um professor do curso, que será o responsável pela iniciação à pesquisa do aluno.

A monografia é o trabalho de pesquisa mais empregado para a elaboração do TCC, já que pressupõe a aplicação de métodos e técnicas de pesquisa científica, do aparato conceitual e teórico do curso sobre a delimitação temática escolhida. Para Severino (2016), a monografia caracteriza-se como um trabalho que reduz sua abordagem a um único assunto, a um único problema, com um tema delimitado e um tratamento metodológico específico, resultante de investigação científica. Ainda segundo o autor, ela é necessariamente interpretativa, argumentativa e dissertativa. Isso porque o objetivo de uma pesquisa é a análise e a discussão de um material coletado, as quais se sustentam em uma metodologia científica, almejando-se contribuir para o crescimento da área de música.

Na graduação, a iniciação científica proporciona ao aluno uma oportunidade de desenvolver um projeto pessoal, também sob a supervisão de um orientador, professor de seu curso, sobre temas e questões da música. Essa modalidade busca sistematizar as políticas de pesquisa em âmbito institucional e a produção de conhecimento. Além disso, visa despertar o aluno para a atividade científica, por meio da vivência de pesquisa, da investigação como campo de conhecimento, da argumentação escrita e oral e da reflexão crítica acerca do atual mercado profissional da música.

Os programas de iniciação científica promovem correlações teóricas e práticas na construção de conhecimentos e possibilitam seu aprofundamento por meio do engajamento do corpo docente interessado em fazer pesquisa e contribuir para a qualidade do processo de ensino-aprendizagem.

Existe, ainda, a possibilidade de se contar com o fomento para essa atividade de pesquisa na graduação, com a distribuição de bolsas de auxílio, como as do Programa de Iniciação Científica (Pibic) do Conselho Nacional de Desenvolvimento Científico e Tecnológico (CNPq), destinado ao fomento da pesquisa científica e da formação de recursos humanos para a pesquisa no país. O Pibic (2022) tem como objetivos despertar a vocação científica e incentivar novos talentos entre estudantes de graduação, promovendo uma maior articulação entre esta e a pós-graduação e estimulando o desenvolvimento de uma cultura científica. Além do Pibic, existem outros programas de fomento à pesquisa de iniciação científica do próprio CNPq e de outras fundações, como a Coordenação de Aperfeiçoamento de Pessoal de Nível Superior (Capes) e a Fundação de Amparo à Pesquisa do Estado de São Paulo (Fapesp), sendo possível pesquisar essas oportunidades de bolsas e auxílios pelos *sites* e portais dessas instituições, além de verificar os programas internos das universidades.

A iniciação científica, por ser um programa de apoio teórico e metodológico para um aluno de graduação, também tem o objetivo de apresentar a possibilidade da carreira profissional na pesquisa científica. Os programas oferecidos pelas universidades são oportunidades práticas para despertar talentos e incentivar os estudantes a ingressar na pós-graduação para obterem os títulos de mestres e doutores, seguindo as profissões de professores e pesquisadores.

Diante dessas oportunidades, é muito importante vivenciar na prática a pesquisa na graduação. Para iniciar essa atividade, existe uma farta literatura sobre projetos de pesquisa científica, inclusive com modelos e exemplos para guiar sua escrita e sua formatação. Entre esses livros, sugerimos a leitura de *Como elaborar projetos de pesquisa* (2018), de Antônio Carlos Gil; *Metodologia do trabalho científico* (2016), de Antônio Joaquim Severino; *Construindo o primeiro projeto de pesquisa em educação e música* (2017), de Maura Penna; e *Metodologia da investigação em educação* (2013), de Pedro Demo.

Entretanto, existem poucos livros que se dedicam ao campo da pesquisa em música especificamente e, por isso, este livro buscou reunir essa literatura específica e apresentar sua riqueza para os alunos de graduação e interessados em geral. Desse modo, esperamos que, ao final da leitura, o leitor se sinta apto para se aventurar na elaboração de um projeto de pesquisa em música e tenha ainda mais curiosidade e interesse para se aprofundar nos recursos da metodologia científica, em seus procedimentos e em suas técnicas, bem como nos novos estudos e pesquisas sobre música em obras teóricas mais complexas e de maior fôlego.

Capítulo 1

PRESSU-POSTOS DA PESQUISA EM MÚSICA

Este capítulo apresenta alguns antecedentes da reflexão sobre música com base na história da filosofia ocidental, enfocando o pensamento sobre a música nas filosofias antiga, medieval, moderna e contemporânea. Esse breve panorama histórico destaca alguns pensadores fundamentais e suas concepções sobre estética, linguagem, funções e significados da música. O capítulo aborda também como se forma a área musical na academia, introduzindo os principais pontos examinados nesse campo de estudo, seus pensamentos teóricos e paradigmas de pesquisa científica.

1.1 Antecedentes

As relações entre música e filosofia consolidaram estudos dos dois campos de pesquisa, resultando em conceitos centrais que estruturam a estética, a história da filosofia e a história da música. Esse escopo envolve ainda questões mais amplas, como o belo, a autonomia da arte, a subjetividade, a música e a moral, a educação musical, o juízo de gosto e a função política da música na sociedade.

A história da música ocidental quase sempre tem uma relação com os ensinamentos e as reflexões filosóficas da Grécia Antiga, levando-se em conta que os filósofos gregos refletiram sobre a música e sua importância para as artes e para a educação, com concepções sobre linguagem e forma que influenciaram seus sucessores.

A palavra *música* vem do grego *mousiké téchne*, que significa "arte das musas" – categoria que também abarcava a poesia e a dança. A técnica das musas era a arte de extrair sons de instrumentos artesanais em uma época em que toda a cultura estava ligada às divindades e à vida social de um povo. A mitologia grega atribuía à música uma origem divina e apontava como seus inventores deuses e semideuses, como Apolo e Orfeu.

Segundo Lia Tomás (2005), as variadas funções e os diversos significados da música podem ser encontrados em diversas narrativas mitológicas, como nos relatos de Homero e Hesíodo ou nas tragédias de autores como Eurípedes, Sófocles e Aristófanes. Ainda de acordo com a pesquisadora, a musicologia reporta a Pitágoras (c. 579-c. 495 a.C.) o papel de primeiro filósofo a debruçar-se sobre a teoria musical. Ele foi pioneiro ao pensar a música com base na descoberta do fundamento físico da consonância e da estrutura física dos sons, refletindo sobre a harmonia, a ordenação e o equilíbrio.

Platão (427-347 a.C.) desenvolveu, em vários textos, uma discussão sobre a estética e a ética da arte e, em particular, sobre a música. Na obra desse filósofo, a música ganha atenção como instrumento educativo, mesmo que ele não tenha dedicado um texto específico ao tema – essa ideia aparece nos diálogos *República*, *Fédon*, *Górgias*, *Fedro*, *Leis* e *Timeu*. Para Tomás (2005), um dos aspectos mais conhecidos no pensamento musical de Platão é a reflexão sobre a função ético-educativa da música e sua importância para a formação da sociedade e do cidadão. Isso fica claro no Livro III da *República* (Guinsburg, 2018), texto em que Platão abordou o tema da expressão poética, primeiro através das palavras ou *lexis*, em versos falados, e, depois, por meio da melodia e do ritmo, na canção. Já em sua obra mais tardia, *As leis* (2010), Platão discutiu a música como arte mimética. Convencionou-se traduzir o conceito de *mimese* na arte como "imitação" ou "representação", e seu emprego no debate sobre música expandiu-se na história da filosofia para muito além da Grécia Antiga, como já analisou Leonardo Aldrovandi (2019).

Aristóteles (384-322 a.C.) também escreveu a respeito da influência da música sobre os desejos, as paixões e os estados de alma, examinando a ideia da correspondência entre alma e música. Em *Política* (2017), o filósofo caracteriza a música como um lazer dotado de moral, um prazer intelectual e racional, compreendendo-a de maneira mais ampla e não somente associada à sua finalidade educacional. Para Aristóteles (2017, p. 24), "se a música fosse simplesmente uma diversão, não deveria ser ensinada às crianças; seria melhor que elas se limitassem a ouvir a apresentação musical de profissionais. Mas a música é uma disciplina moral e um deleite racional".

As ideias sobre a natureza e as funções da música discutidas pelos pensadores clássicos gregos foram interpretadas por filósofos e músicos posteriores e exerceram grande influência sobre a música e seu papel na educação, além de estimularem investigações sobre a relação da linguagem musical com a poesia. Conforme Grout e Palisca (2007, p. 20), no livro *História da música ocidental*, "A ideia grega de que a música se ligava indissociavelmente à palavra falada ressurgiu, sob diversas formas, ao longo de toda a história da música: com a invenção do recitativo, por volta de 1600, por exemplo, ou com as teorias de Wagner acerca do teatro musical, no século XIX".

Segundo José Zille, no prefácio do livro *Musicologia(s)* (Rocha; Zille, 2016), o primeiro a considerar que a música não seria somente filosofia, mas também teoria, foi Aristóxeno de Tarento (c. 300-c. 360 a.C.), para quem a música era ciência e arte ao mesmo tempo. Para o pesquisador, as ideias de Pitágoras, Platão, Aristóteles e Aristóxeno sobre a música atravessaram a civilização romana e a Idade Média do Ocidente, período em que vários pensadores retomaram os princípios de harmonia da teoria musical grega para pensar a prática da música.

No mundo medieval, a música desenvolveu-se com base em reflexões sobre a matemática e a religião cristã presentes em vários escritos de padres da Igreja Católica. A música figurava, no conjunto de textos da patrística, ao lado da defesa dos dogmas da religião. De acordo com Tomás (2005), Clemente de Alexandria (c. 150-220), São Basílio (330-379), São João Crisóstomo (c. 345-407) e São Jerônimo (c. 340-420) foram os primeiros escritores a se debruçarem sobre a ideia da música como um instrumento de propagação da fé. No entanto, os autores mais debatidos na Idade Média em relação à presença da música na filosofia são Santo Agostinho (354-430) e Boécio (c. 480-524).

Santo Agostinho dedicou um tratado intitulado *De Musica*, composto por seis livros e escrito em forma de diálogo, à apresentação de sua ideia de que a "música é a ciência do bem medir", valorizando-a como louvor a um único Deus e associando a expressão "bem medir" ao conceito de belo. Nesse tratado, traduzido em português como *Sobre a música* (2019), o filósofo divide seus argumentos em duas partes. A primeira, mais técnica, envolve os cinco primeiros livros e concentra-se na definição da música com base nos princípios da métrica e do ritmo. A outra, considerada mais filosófica, está condensada no sexto livro e aborda a ética e a estética dessa arte. Assim, Santo Agostinho desenvolve uma discussão aparentemente mais metafísica do que musical. Para Rita de Cássia Fucci-Amato (2015b), o tratado retoma o imaginário greco-romano sobre a palavra, o canto e a dança, com nítidas influências de Platão e Plotino.

Boécio escreveu *De Institutione Musica*, texto no qual indica que a música está mais perto da ciência do que da arte. Segundo Marisa

Fonterrada (2008, p. 34), seus estudos teóricos serviram de referência para estudiosos durante muitos séculos, e sua teoria musical permaneceu estável até a época de Guido D'Arezzo (século XI). Boécio descrevia a música como um objeto de conhecimento e não como uma arte criadora ou uma forma de expressão de sentimentos e emoções. O filósofo também discutiu a influência dessa arte no caráter e na moral do homem.

No período da Renascença, a teoria da música grega foi revisada e consolidou-se o ensino musical. Já no início do século XVII, surgiu o pensamento cartesiano, que marcou definitivamente a epistemologia ocidental. O método e a reflexão lógica de René Descartes (1596-1650) influenciaram as novas concepções científicas, e a música ganhou novas possibilidades estilísticas e teóricas após as proposições do filósofo acerca de suas finalidades e funções. De acordo com Tomás (2005), Descartes discutiu a música em duas obras principais: *Compedium musicae*, escrita em 1618, mas publicada postumamente em 1650, e *As paixões da alma*, de 1649, que influenciou vários tratados musicais posteriores e apresenta explicações detalhadas sobre o mecanismo acústico e fisiológico em função do qual a música age em nossos sentidos e, a partir deles, em nossa alma.

Nesse período, foi proposta também a doutrina dos afetos, que exerceu influência sobre o debate estético acerca das artes. Essa teoria se fundamentava na ideia de materialização de um afeto através de um símbolo. Assim, a música poderia servir como um meio para transferir afetos e emoções ao ouvinte, o que foi propagado por diversos teóricos do século XVII e XVIII.

Segundo Tomás (2005), nas primeiras décadas do Iluminismo, duas linhas de pensamento se instauraram no campo da discussão musical. Primeiramente, Jean-Philippe Rameau (1683-1764), com sua teoria da harmonia, aproximou a arte musical da ciência, tratando-a de um ponto de vista físico e matemático. Esse importante teórico e compositor francês escreveu *Tratado da harmonia reconduzido a seu princípio natural*, em 1722, no qual fundamentou suas ideias na visão pitagórica da harmonia musical explicada por meio dos números e das proporções matemáticas. Em perspectiva oposta, para os filósofos responsáveis pela *Enciclopédia*, de 1751, ou seja, Voltaire (1694-1778), Denis Diderot (1713-1784), Jean D'Alembert e, principalmente, Jean-Jacques Rousseau (1712-1778), a música se pauta na imitação da natureza, no bom gosto e na expressão dos afetos.

Para Fonterrada (2008), Rousseau foi o primeiro pensador da educação a apresentar uma proposta pedagógica para a educação musical. De acordo com o filósofo, as canções devem ser simples e não dramáticas e seu objetivo é assegurar flexibilidade, sonoridade e igualdade de vozes. Para Rousseau, tratava-se de, por meio da defesa da centralidade da melodia, sustentar a estrutura mimética da racionalidade musical. Dessa maneira, a melodia sobrepõe a harmonia, valorizando as palavras que podem conferir certa determinação à arte dos sons.

Além disso, conforme indica Tomás (2005), no final do século XVIII, a música vocal e operística afastou-se definitivamente da música instrumental, tornando-se o principal tema das reflexões de tratadistas, músicos e filósofos. A partir desse período histórico, a música e a filosofia alemã passaram a dominar o cenário dos estudos da estética musical, revisando os principais temas discutidos anteriormente e avançando com novos pontos de vista.

O tema da música no pensamento de Immanuel Kant (1724-1804), segundo Rodrigo Duarte (2010), entra na trama da discussão sobre os juízos estéticos, com ênfase especial no juízo de gosto. Isso porque neste são sintetizadas as principais características da apreciação de um objeto que possa ser considerado belo, conhecimento obtido por meio de juízos sintéticos *a priori*, conforme as categorias descritas em *Crítica da razão pura* (1986). Nesse sentido, o autor discute ainda uma conexão da visão de Kant sobre a música com outras perspectivas, matizando sua influência sobre as ideias de autores como Friedrich Hegel (1770-1831), no século XIX, e Theodor Adorno (1903-1969), no século XX.

Hegel foi fundamental na reflexão filosófica sobre a música no século XIX, pois suas posições foram diferentes da concepção romântica calcada ainda na teoria dos afetos do período barroco. A análise da música desenvolvida por Hegel é considerada uma das mais pungentes entre os filósofos de sua época.

Ao lado do crítico musical Eduard Hanslick (1825-1904), célebre autor de *Do belo musical* (1989), que analisa o vínculo entre a esfera musical e a linguagem, defendendo a estética formalista com base na ideia de que o "belo musical" transcende a representação de afetos e pode se manifestar mesmo quando a música não evoca qualquer emoção no ouvinte, e do compositor Richard Wagner (1813-1883), que defendia a estética do sentimento, Hegel teve importância inconteste para a história da música ao elaborar conceitos fundamentais opostos à ideia da música como expressão, que deram abertura à tendência formalista do pensamento musical. Assim, a estética formalista tornou-se uma reação contra o ideal romântico de lirismo e subjetividade, calcado na concepção da música como linguagem dos sentimentos.

Ao mesmo tempo, para Hegel, há uma ligação direta entre música e alma, na estreita afinidade entre som e interioridade, quebrando-se as distinções entre conteúdo e forma, sujeito e objeto. Desse modo, Hegel considerava a música a mais subjetiva das artes, uma linguagem da pura interioridade.

Friedrich Nietzsche (1844-1900) também é um nome importante no debate sobre filosofia da música. Após a leitura de *O mundo como vontade e como representação* (2005), de Arthur Schopenhauer (1788-1860), para quem a música é um exercício metafísico da alma, Nietzsche dedicou-se à reflexão filosófica sobre sua experiência estética e seu significado metafísico. Em *O nascimento da tragédia* (1999), publicado em 1871, o filósofo discute as relações entre a música e a tragédia grega por meio das figuras de Schopenhauer e Wagner.

Primeiramente, Nietzsche interessa-se pela música e pelas ideias estéticas de Wagner, em especial por conta de *Tristão e Isolda*, de *Os mestres cantores* e de sua concepção do conceito de obra de arte total (*Gesamtkunstwerk*). Para Henry Burnett (2011, p. 83),

> Quando Nietzsche redigiu o primeiro prefácio para *O nascimento da Tragédia*, dedicado a Richard Wagner, na edição de 1872, afirmou que o livro foi escrito em função da leitura do *Beethoven* – ensaio escrito por Wagner e dedicado ao compositor homônimo. Trata-se de um texto pouco estudado no Brasil, mas cuja leitura pode ser útil para quem tem interesse por esse capítulo ímpar da história da estética e da filosofia da arte, o livro de estreia de Nietzsche. Para além do seu caráter festivo, o *Beethoven* revela com certa clareza as ideias estéticas de Wagner, com indicações precisas sobre um ponto muito importante para Nietzsche: a influência de Schopenhauer sobre a concepção do projeto maior de Wagner: a Obra de arte total.

Entretanto, ao assistir à apresentação de *O anel dos nibelungos*, de Wagner, Nietzsche incomodou-se com o entusiasmo grosseiro do público e do músico embriagado por seu sucesso. Nietzsche, portanto, mudou de opinião sobre a genialidade da música e das ideias de Wagner, dando início a uma ruptura teórica com ele. A partir de então, o filósofo passou a abordar os enlaces da música com a política, mudando de enfoque sua relação com o compositor e sua obra, particularmente diante do nacionalismo e do antissemitismo de Wagner.

O pesquisador Fernando Moraes Barros, no livro *O pensamento musical de Nietzsche* (2007), discute a identidade de estrutura entre a atividade musical e a reflexão filosófica, face da estética musical romântica da obra do filósofo. Segundo Barros, Nietzsche revela-se, em vários textos, um formalista afinado com as ideias defendidas por Hanslick (1989), em que o "belo musical" não está somente na representação de afetos e nas emoções dos ouvintes diante da música.

Outro nome importante na filosofia contemporânea que se dedicou ao estudo da música foi Theodor Adorno, expoente da chamada *Escola de Frankfurt*. Esta teve início com a fundação, em 1923, do Instituto de Pesquisa Social da Universidade de Frankfurt, centro de pesquisa, com autonomia acadêmica e financeira, dedicado à reflexão e à análise crítica dos problemas do capitalismo moderno vigente e que congregava pensadores marxistas, como Max Horkheimer (1895-1973), Walter Benjamin (1892-1940) e Herbert Marcuse (1898-1979).

Um dos conceitos mais importantes da Escola de Frankfurt foi o de indústria cultural, elaborado por Adorno e Horkheimer para definir a cultura de massa, a transformação da arte e da cultura em mercadoria, veiculada pelos meios de comunicação, em um processo de homogeneização dos comportamentos e massificação das pessoas, particularmente comandado pelo consumo capitalista.

Além de filósofo, Adorno foi também sociólogo, musicólogo e compositor. Realizou seus estudos sobre filosofia em Frankfurt e estudou composição musical com Alban Berg (1885-1935) em Viena. Em 1933, com a tomada do poder pelos nazistas, refugiou-se na Inglaterra e, depois, em 1941, seguiu para os Estados Unidos. O contato com a sociedade de massa estadunidense direcionou seus estudos para a cultura de massa e, com o desdobramento do debate sobre autonomia na arte, Adorno desenvolveu sua análise da ligação entre arte e sociedade, filosofia e música.

Adorno afinava a prática analítica com a experiência estética ao conceber uma teoria crítica com a sistematização de suas preocupações sobre a música de seu tempo, tornando-se um autor fundamental para a filosofia da música. Desde seus primeiros textos, ele já discutia como a música estava se transformando em mercadoria com o capitalismo vigente. Além disso, para Enrico Fubini (2019), Adorno é, talvez, o último grande filósofo da música, e sua obra, a última tentativa de formular uma visão global sobre essa arte.

O filósofo publicou vários textos sobre música na *Revista de Pesquisa Social*, como os ensaios "A situação social da música", de 1932, "Sobre o jazz", de 1936, "O fetichismo na música e a regressão da audição", de 1938, texto considerado uma resposta ao ensaio "A obra de arte na era de sua reprodutibilidade técnica", de 1935, escrito por Walter Benjamin.

A principal contribuição de Benjamin para a distinção entre a arte convencional e a arte reprodutível foi a definição do conceito de aura, determinante para a primeira e ausente na segunda. Segundo Benjamin, a reprodutibilidade técnica da obra de arte não consegue conservar a autenticidade da obra original. Por isso, o conceito de aura manifesta-se apenas na relação do espectador com a obra de arte legítima ou original e desaparece quando esta é reproduzida tecnicamente.

As obras de Benjamin, cuja importância Adorno foi um dos primeiros filósofos a reconhecer, propõem um tipo de explicação marxista preocupada em evitar o psicologismo e o sociologismo vulgar, discutindo o papel da obra de arte na sociedade.

O próprio Adorno (2011a) apresenta muito bem seu ensaio de resposta a Benjamin – "O fetichismo na música e a regressão da audição" – no prefácio de *Filosofia da nova música*, livro dedicado a estudos sobre Schönberg e Stravinski, considerados símbolos de uma recusa da música erudita em compactuar com o sistema de industrialização e comercialização em massa da música. Em suas palavras,

> Este ensaio pretendia expor a mudança da função da música atual, mostrar as transformações internas que os fenômenos musicais sofrem ao serem subordinados, por exemplo, à produção comercializada em massa e também determinar de que maneira certos deslocamentos ou modificações antropológicas da sociedade massificada penetram até na estrutura do ouvido musical. (Adorno, 2011a, p. 9).

Adorno designa por *autonomia da arte* sua liberação em relação à teologia, à metafísica e à função de culto. O filósofo também via na forma um momento indissociável do conceito e da reflexão. Afinal, para ele, a cultura não podia ser pensada separadamente da crítica, como sintetizou em sua *Teoria estética* (2011b).

Dessa forma, para discutir o fetichismo na música, Adorno estabelece um novo parâmetro de resistência para a estética – considerando o "gosto" e a ética da representação –, no qual só se pode pensar por meio da inserção do debate estético da arte no campo da política. O novo ouvinte está diante de uma incontornável "regressão da audição" com a música massiva, e a arte autônoma contrapõe-se à música ligeira de entretenimento vazio. Argumenta Adorno (1996, p. 67):

> Com o mesmo direito poder-se-ia perguntar: para quem a música de entretenimento serve ainda como entretenimento? Ao invés de entreter, parece que tal música contribui ainda mais para o emudecimento dos homens, para a morte da linguagem como expressão, para a incapacidade de comunicação. A música de entretenimento preenche vazios do silêncio que se instalam ente as pessoas deformadas pelo medo, pelo cansaço e pela docilidade de escravos sem exigências.

Para Adorno, a regressão da audição significava a incapacidade crescente do público em avaliar o que era oferecido aos ouvidos pelos monopólios culturais. Diante disso, o filósofo critica de maneira enfática a distração dos *hits* consumidos pelos ouvintes sem qualquer atenção crítica e sensível.

Adorno publicou, ainda, os artigos "Fragmentos sobre Wagner", em 1939, e "Sobre a música popular", em 1941, uma análise sobre as canções estadunidenses da época. As questões levantadas nesses textos foram retomadas, em parte, em seu exame da decadência da cultura em *Dialética do esclarecimento* (1997), escrito com Max Horkheimer, em 1947, ao sistematizar o conceito de indústria cultural e sua teoria da estandardização da música padronizada, que deixa os ouvintes passivos em seus modos de escuta, principalmente com a música ligeira que invadia a programação do rádio.

Esse livro desmascara a ideia de que a racionalidade libertaria a humanidade por meio da técnica, pois os autores consideram que esta não se encontra a serviço da felicidade humana, e sim apresenta-se como uma forma de explorar o homem e a natureza. Com isso, a racionalidade técnica, na sociedade capitalista, em lugar de garantir a autodeterminação dos indivíduos, submeteu-os à dominação de uma sociedade regida por princípios econômicos. Para Adorno e Horkheimer (1997), a cultura seria o lugar de resistência contra a técnica. Artes e humanidades eram vistas como uma espécie de polo de crítica ao projeto moderno.

Na análise de Adorno, o consumidor não é soberano, senão objeto dessa engrenagem industrial que visa ao lucro e à alienação. Com base nisso, Adorno discutiu a decadência da audição e da produção, bem como a padronização da música comercial contemporânea, dita *ligeira* ou *de massa*, mobilizando seu conceito de indústria cultural.

Contudo, é bom entender que uma leitura superficial dos textos sobre música de Adorno pode levar o leitor desatento a afirmar que o filósofo atacava a música popular e defendia a música erudita. Essa leitura está errada, pois Adorno também analisou a música erudita fetichizada e criticou, por exemplo, o novo culto à figura do maestro, em reflexões publicadas em *Introdução à sociologia da música* (2017).

Para Adorno, a forma como a burguesia do século XX ouvia Beethoven era tão alienada e fetichizada quanto o sucesso do momento que tocava no rádio. O comportamento típico de escuta musical sob o impacto da sociedade industrializada levou o ouvinte a optar pelo simples e já conhecido, experimentando um total bloqueio ante criações musicais inovadoras que não seguissem as fórmulas da padronização do mercado.

Ainda na Califórnia, Adorno publicou os livros *Composição para filme*, escrito com Hanns Eisler, em 1947; *Filosofia da nova música*, de 1949; e *Minima moralia*, em 1951. De volta para a Alemanha, publicou *Prismas: crítica cultural e sociedade*, em 1955, e vários ensaios sobre música, como *Mahler: uma fisionomia musical*, de 1963, e *Introdução à sociologia da música*, em 1962. Pouco depois de sua morte, o livro *Teoria estética* veio a público, em 1970.

Desse modo, qualquer reflexão mais aprofundada sobre música popular deve começar pela leitura e pela discussão dos textos de Adorno. Como afirmamos anteriormente em pesquisa sobre a canção no cinema brasileiro (Carvalho, 2015), o filósofo pensava a música popular, particularmente a canção, em toda a sua estrutura e inserção na sociedade, investigando sua criação, sua produção, sua circulação e sua recepção. Suas reflexões sobre as consequências estéticas e sociológicas da industrialização da arte focavam o choque entre os valores musicais eruditos e a nova realidade da experiência musical popular com a maturação da forma canção e dos gêneros dançantes, bases da música popular comercial e urbana, entre os anos 1920 e 1930.

Assim, Adorno criticou duramente esse novo tipo de expressão musical baseado na forma canção voltada para a dança ou para a expressão sentimentalista das massas. Seu interesse era compreender como essa música massiva se tornava a mais perfeita realização da ideologia do capitalismo monopolista, com a irremediável posse da arte pela indústria sintetizada no conceito de indústria cultural, analisando criticamente o contexto histórico e social da arte.

1.2 Campo de estudo

A música como campo de estudo sempre esteve atrelada ao campo da estética, que, como área autônoma, se estabeleceu no século XVIII. O emprego do termo *estética* firmou-se na filosofia por influência de Alexander Baumgarten (1714-1762) e sua adaptação da palavra grega *aisthesis*, cujo significado pode ser compreendido como "percepção" ou "apreensão dos sentidos". Segundo Tomás (2005), Baumgarten buscou organizar uma teoria do conhecimento sensível em sua obra *Aesthetica*, de 1750, discutindo os conceitos de arte, beleza, forma e experiência estética. Não obstante, esses mesmos conceitos foram analisados por muitos outros filósofos com diferentes pontos de vista.

A estética na filosofia sempre se vinculou à discussão sobre o ser humano, sua percepção, sua sensibilidade e suas sensações, propondo o estudo racional de valores e da significação na arte, em suas obras, suas manifestações e seus impactos na recepção. A estética musical, portanto, entrelaça-se com a própria história da música e de sua reflexão, com diversos trabalhos teóricos e analíticos da crítica musical, escritos de compositores e textos filosóficos, científicos, literários, sociológicos e biográficos. Assim, a história da música e a história da filosofia estabeleceram um importante diálogo teórico e analítico na busca pela compreensão sobre as diferentes manifestações musicais e os diversos pensamentos estéticos que se configuraram ao longo do tempo.

Nesse contexto, a maioria dos livros que constroem um panorama da história da música recorre aos antecedentes filosóficos do pensamento e da estética musical, como podemos ver, por exemplo, em Edward Lippman (1992) e Donald Grout e Claude Palisca

(2007). Também o musicólogo italiano Enrico Fubini (2001) discute a estética musical com base na historiografia, com a contribuição de diferentes concepções da história da filosofia e da sociologia da música, investigando as reflexões filosóficas sobre a música de Hegel, Schopenhauer, Nietzsche, Adorno, entre outros.

No Brasil, a musicóloga Lia Tomás tem uma trajetória consolidada nos estudos sobre a relação entre música e filosofia, com inúmeras publicações e contribuições para a formação de pesquisadores. Em *Música e filosofia: estética musical* (2005), a pesquisadora aborda os principais conceitos norteadores do pensamento musical, desde a Grécia Antiga até o século XVIII, com fundamentação crítica e contextualização do fazer musical na Antiguidade, na Idade Média, no Renascimento e no barroco/classicismo.

Pierre Bourdieu enfatiza, em conferência publicada no livro *Os usos sociais da ciência: por uma sociologia clínica do campo científico* (2004), uma noção de campo científico que, por definição, é um mundo social e, como tal, faz imposições. Para o sociólogo, os campos científicos são espaços de confrontos necessários entre duas formas de poder que correspondem a duas espécies de "capital científico": um capital que pode qualificar o social, ligado à ocupação de posições importantes nas instituições científicas, e um capital específico, relativo ao reconhecimento pelos pares.

Nesse sentido, antes de discutir um projeto de pesquisa em música, é preciso compreender como o campo científico se caracteriza e se diferencia do senso comum. Segundo Maura Penna (2017), mesmo no campo das ciências humanas e sociais não existe consenso em relação às concepções de ciência e aos modelos de pesquisa científica, o que revela divergências e pluralidade de caminhos e métodos.

Independentemente de sua delimitação temática e de seu objeto de estudo, a pesquisa científica deve seguir critérios do conhecimento científico com respeito ao caráter sistematizado, metódico, rigoroso, planejado e reflexivo. Dessa forma, como afirmou Penna (2017), não importa se a pesquisa se concentrará nos processos criativos em música ou em poesia, da *performance* musical ou da prática pedagógica no ensino de música; se a intenção for produzir um trabalho acadêmico e científico, será necessário atender aos critérios científicos. Para isso, o jovem pesquisador precisa explicitar suas escolhas e procedimentos, justificando os critérios de seleção, classificação e análise, por exemplo.

O senso comum é um conjunto de informações que adquirimos de maneira informal ao longo da vida, muitas vezes de forma fragmentária, por meio de fatos, notícias, doutrinas religiosas, crenças, valores, costumes e comportamentos cotidianos. A ciência é um conhecimento sistematizado, calcado em teorias racionais despidas de subjetividade e valorações. Como já apontou Maria Cecília Maringoni de Carvalho no livro *Construindo o saber: metodologia científica – fundamentos e técnicas* (2012), a investigação teórica sobre o que é ciência recebeu muitas contribuições ao longo da história, nos estudos sobre epistemologia, teoria da ciência, filosofia da ciência e metodologia científica.

Nessa perspectiva, o filósofo Thomas Kuhn, em seu livro *A estrutura das revoluções científicas* (1997), discute o desenvolvimento das ciências, analisando principalmente as mudanças de paradigmas e o impulso criativo das revoluções científicas. Segundo Kuhn, a ciência desenvolveu-se ao longo da história por meio de saltos e descobertas, e não de maneira harmônica, homogênea e cronológica. À vista disso, conceitos e teorias tornaram-se paradigmas, que se modificam, se contradizem e se renovam com os avanços de novas pesquisas e pesquisadores, de um modo dinâmico.

Fazer ciência é, portanto, questionar com rigor e lógica. O diferencial dessa prática é o questionamento sistemático. Dessa forma, o conhecimento científico é, sobretudo, metódico, ou seja, dotado do rigor da metodologia. Contudo, esse questionamento pode ser crítico e criativo, reconhecendo a prática como inerente a sua atividade. Não é apenas a teoria que cria base para os questionamentos científicos; a prática e a experiência musicais também podem ser sistematizadas e devem encontrar no âmbito acadêmico um espaço privilegiado para a inovação e o amadurecimento.

Todavia, a teoria desempenha um papel insubstituível como construção explicativa, de domínio da área e das subáreas do conhecimento, dos paradigmas científicos e da pesquisa em música. Afinal, o desafio essencial do curso de Música é a pesquisa. O conhecimento teórico adequado habilita o pesquisador a compreender melhor conceitos, analisar criticamente peças e partituras, além de desenvolver seus argumentos e interpretações com embasamento histórico e estético.

A arte, assim como a ciência, em todas as épocas, também se desenvolveu baseada em paradigmas. Segundo Silvio Zamboni (2006, p. 39), no livro *A pesquisa em arte: um paralelo entre arte e ciência*, "sempre um conjunto de ideias orientou a feitura das artes, desde as pinturas em cavernas, quando os temas assumiam o desejo de dominação da caça e dos animais, até as releituras pós-modernistas dos dias atuais".

Dessa maneira, a obra de arte ganha significado no contexto de sua época e está condicionada aos paradigmas vigentes em seu tempo histórico. Entendemos muito bem esses paradigmas quando estudamos a história da arte e seus movimentos, vertentes, rupturas e inovações. Para explicar melhor essa ideia, Zamboni (2006) comenta como o modernismo serviu de grande paradigma para as artes e argumenta que tanto a ciência quanto a arte, processos criativos e instrumentos do conhecimento, guardam semelhanças na combinação de aspectos racionais e intuitivos para se desenvolverem plenamente.

No Brasil, a pesquisa em artes é uma área do conhecimento relativamente recente no meio acadêmico. Segundo Martha Tupinambá Ulhôa (2014), os conservatórios e escolas de belas artes só foram incorporados à universidade em meados do século XX. Já a música popular se consolidou como tema nos programas de pós-graduação brasileiros somente a partir do final dos anos 1970, tendo destaque nos anos 1980.

De acordo com Vanda Freire e André Cavazotti (2007, p. 22),

> Até o início da década de 1990, as pesquisas da área de música no meio acadêmico priorizaram questões da música europeia, com um enfoque positivista, ou seja, com uma proposta voltada para a "descoberta" de "verdades" que estariam inerentes a esse repertório, sob o ponto de vista do compositor. Mais recentemente, no decorrer da década de 1990, os caminhos da pesquisa sobre música se diversificaram: a etnomusicologia desenvolveu consideravelmente, trazendo aportes e enfoques não eurocêntricos, valorizando a cultura brasileira, aperfeiçoando metodologias que integram o olhar do pesquisador ao fenômeno cultural estudado; a musicologia sobre a música brasileira, sobretudo aquela produzida no século XVIII, expandiu-se e gerou diversas publicações e edições críticas de obras desse período; enfoques da história da cultura foram incorporados à musicologia histórica.

Para pensar a música no espaço acadêmico, foi preciso um processo de consolidação do campo de pesquisa por meio de congressos, simpósios e encontros científicos, criados para a divulgação das pesquisas, o diálogo e a troca de experiências. Entre os exemplos, podemos destacar a Associação Nacional da Pesquisa e Pós-Graduação em Música (Anppom), importante associação de pesquisadores que busca desde sua fundação, em 1988, a valorização das temáticas brasileiras e a criação de uma bibliografia voltada ao perfil e às necessidades dos cursos de pós-graduação em Música. A partir de 1989, a Anppom passou a realizar eventos científicos, em sua maioria anuais, e a promover a divulgação das pesquisas em música, tanto nos anais dos eventos quanto na revista *Opus*.

Em 1991, os principais articuladores da subárea de educação musical fundaram a Associação Brasileira de Educação Musical (Abem). Com as várias vertentes e perspectivas da musicologia, outras associações foram criadas, como a Associação Brasileira de Etnomusicologia (Abet), fundada em 2001, e as mais recentes Associação Brasileira de Teoria e Análise Musical (TeMA), de 2014, e a Associação Brasileira de Musicologia (Abmus), de 2015. Assim, essas e outras associações da área contribuíram para consolidar as subáreas de estudo no país e ajudaram a formar novas lideranças para o desenvolvimento de centros reflexivos, grupos de pesquisa e novos investigadores sobre a produção teórica e prática da área musical, em diferentes estados e universidades do Brasil.

Segundo Tomás (2015), em sua investigação sobre a pesquisa acadêmica na área de música com base nos anais da Anppom de 1988 a 2013, as subáreas de composição, educação musical, musicologia e práticas interpretativas (posteriormente denominada *performance* ou *performance musical*) figuram, desde 1988, como os pilares das pesquisas realizadas no Brasil, recebendo, posteriormente, em 2005, o acréscimo das subáreas de teoria e análise e etnomusicologia. Cabe observar que, até 2003, a subárea de composição englobava também, além das pesquisas voltadas para as técnicas compositivas, trabalhos teóricos e analíticos.

O significado do sufixo *logia* é "o estudo de". Aplicando-o à palavra *música*, forma-se o termo *musicologia*, que significa, em linhas gerais, "o estudo da música", em todas as suas formas, expressões, aplicações, perspectivas e finalidades. Vários autores e pesquisadores consideram que *musicologia* constitui uma denominação geral que se refere a todos os tipos de pesquisa em música, desde sua composição e sua *performance* até sua apreciação, envolvendo diferentes áreas e disciplinas do conhecimento humano, como a filosofia, a história, a sociologia, a antropologia e a psicologia.

As correntes mais conhecidas da musicologia são a musicologia histórica, a etnomusicologia, a teoria musical, a musicologia sistemática e a musicologia aplicada e suas interfaces. Essas diferentes correntes são definidas com base em seu método ou seu objeto de estudo. No entanto, uma preocupação comum a todas é a relação entre música e contexto. A musicologia, portanto, aborda questões que apontam para estudos históricos, estéticos e teóricos em seu contexto cultural, abrangendo variações como a musicologia histórica, a etnomusicologia, os estudos teóricos, a musicologia sistemática ligada à estética e a musicologia aplicada, que congrega outros campos de saber.

1.3 Teóricos

O pensamento teórico é fundamental para a consolidação da área e das subáreas do conhecimento em música. A pesquisa nesse campo se desenvolve com base em conceitos, estudos, análises e interpretações sobre a música com fundamentação teórica, histórica e estética. Assim, a teoria musical, ou teoria da música, e seus teóricos expandiram sistemas, parâmetros e conceitos destinados a analisar, classificar, compor, compreender e comunicar diferentes aspectos da música.

Os textos teóricos são ferramentas singulares para a construção do conhecimento. Por isso, é importante buscar compreender os diversos aspectos teóricos da área da música para melhor interpretar significados e contextos históricos, filosóficos e estéticos.

Os teóricos na pesquisa em música atuam em diferentes correntes, linhas e abordagens, aprimorando as diversas subáreas com ampla bibliografia especializada. Ler, estudar e conhecer o percurso teórico da música inspira novas estratégias de criação e composição musical, além de promover novos campos, como podemos perceber com as discussões sobre os paradigmas da pesquisa e sobre as linhas de pesquisa, que serão o foco do Capítulo 6.

De maneira geral, os teóricos apresentam articulações entre a teoria musical e as diversas perspectivas analíticas que estudam o texto musical e seu contexto. São inúmeros os ramos da teoria musical ocidental, derivados das correlações entre trajetórias práticas, discursos teóricos e reflexões filosóficas e estéticas, que se desdobram em parâmetros teóricos em diálogo com diferentes áreas.

Desde o tempo de Pitágoras, a música é pensada com base em teorias matemáticas. Como sinalizamos anteriormente, o percurso da história da filosofia ocidental trouxe para a história da música uma série de conceitos, análises e teorias sobre esse objeto, desde sua estrutura e técnica até sua relação com outras artes, com a política e com sociedade.

A partir do Renascimento, tornou-se recorrente a reflexão sobre a música e as paixões. Não é por acaso que a teoria dos afetos se estende para o mundo musical barroco e encontra resquícios até em períodos pós-modernos, a fim de explicar a música por sua relação com os sentimentos. Segundo Fubini (2019), os estudos sobre a harmonia, o temperamento e o significado dos intervalos conduzidos por músicos e matemáticos, como Werckmeister, Euler e o próprio filósofo Descartes – em seu *Compendium musicae*, de 1618, texto que apresenta uma estética musical fundada na acústica e na psicologia auditiva –, contribuíram de diversas formas para um processo de compreensão da música por meio da psique humana, dos sentimentos e das emoções.

Todavia, foram as teorias sobre o significado da música que impulsionaram pressupostos mais modernos para pensar e discutir a linguagem musical. Recentemente, tem sido dedicada uma atenção especial aos fenômenos ligados à recepção da música e do formalismo, conforme o pensamento musical de Carl Dahlhaus, em *Estética musical* (2003), e à autonomia da música, pelo viés de Eduard Hanslick, em um processo de revalorização da música, considerada linguagem autônoma em relação aos sentimentos.

Ainda de acordo com Fubini (2019), foi apenas no fim da segunda metade do século XIX, com a primeira reação positivista à filosofia e à estética romântica, que o pensamento e a crítica musical adquiriram uma nova fisionomia com um movimento formalista. O responsável por essa virada foi Hanslick, crítico e historiador de música, com seu famoso ensaio *O belo musical*, que se tornou base da teoria formalista da música e referência obrigatória sobre o tema até a atualidade. Hanslick promoveu o estudo do "objeto do belo" em oposição à ideia do "sujeito que sente", libertando a análise estética e a técnica musical de sentimentos pessoais (Fonterrada, 2008, p. 73).

A universalidade da linguagem musical motivou muitos estudos no contexto da cultura anglo-saxônica, como os de Susanne Langer (1895-1985), baseados em seu interesse pelas estruturas comunicativas da linguagem musical. Também se disseminaram as investigações acerca da estética musical das vanguardas e da semiologia musical.

Langer (2011) concebia a música, assim como a arte, como a criação de formas perceptíveis expressivas do sentimento humano, a qual se desenvolve no trabalho prático e na imaginação ou na criatividade. Desse modo, a música concretiza-se em formas que podem ser percebidas por nossa mente e nossa sensibilidade. Logo, Langer valoriza a compreensão da música como forma e opõe-se à linha que utiliza a psicologia para compreender sua estrutura e recepção.

Nesse sentido, Fubini (2019) avalia que as grandes revoluções linguísticas e estilísticas da história da música fizeram a atenção dos teóricos concentrar-se em uma maior reflexão sobre os aspectos propriamente técnicos e linguísticos da música, sem abordar problemas filosóficos e estéticos emergentes. Para o autor, isso aconteceu na passagem da *ars antiqua* à *ars nova*, da polifonia à monodia, bem como com a invenção da dodecafonia e com as experiências linguísticas associadas às vanguardas.

Dessa maneira, os pesquisadores passaram a abordar a experiência musical com novos parâmetros teóricos, metodologias historiográficas e estudos interdisciplinares, abrindo novas frentes para a pesquisa em música. As teorias analíticas da música e as teorias da crítica cultural têm provocado vários questionamentos nesse campo de estudo, tanto sobre o quadro teórico de referência quanto sobre metodologias de análise de novos objetos, aproximando a pesquisa musicológica das experiências musicais e dos processos criativos contemporâneos. Assim, os temas da análise e da crítica musical são fundamentais para uma pesquisa estética da música.

1.4 Contribuições para a teoria da pesquisa sobre música

Além do pensamento teórico mais convencional sobre música, que centraliza reflexões sobre sua forma e sua estrutura, novas interfaces da pesquisa em música contribuem para a teorização nesse campo com a migração de conceitos e reflexões de outras áreas do conhecimento em um processo de consolidação da transdisciplinaridade da pesquisa em música em todo o mundo. Uma dessas interfaces é a pesquisa das relações entre música e mídia, sob o enfoque do paradigma de pensamento pós-moderno e da valorização e hibridismo dos dois campos de pesquisa, música e comunicação.

Segundo Heloísa de Araújo Duarte Valente (2017), a música está presente em quase todas as linguagens da mídia, o que impulsionou o interesse dos pesquisadores da área da comunicação pela música e sua contribuição para a história da cultura midiática. Ainda para a pesquisadora, esse interesse crescente pode ser verificado nos congressos da Sociedade Brasileira de Estudos Interdisciplinares da Comunicação (Intercom) e da Associação Nacional dos Programas de Pós-Graduação em Comunicação (Compós), em seus grupos de estudos interdisciplinares. Ainda que relevantes, os estudos musicológicos são majoritariamente fundados sobre a análise de obras, enquanto, no campo da comunicação, as pesquisas se circunscrevem à recepção, preocupando-se fundamentalmente com os grupos juvenis em investigações mais sociológicas.

Como destacamos em trabalho anterior (Carvalho, 2019), a própria pesquisadora Heloísa Valente tem uma atuação importante como fundadora e líder do grupo de pesquisa do Centro de Estudos em Música e Mídia (MusiMid), que contribui de maneira consistente para a pesquisa multidisciplinar de música e comunicação há mais de 15 anos. Esse grupo de pesquisa promove encontros e jornadas científicas, além de diversas publicações que apresentam os resultados das pesquisas realizadas por seus integrantes e por colaboradores das ciências humanas convidados para agregar análises e interpretações sobre as relações da música com a cultura midiática. O MusiMid amplia a gama de abordagens sobre as relações entre os estudos da música e da comunicação, buscando compreender mais de perto a complexidade de desdobramentos analíticos dos conceitos de *performance* (Zumthor, 2007), paisagens sonoras (Schafer, 1991, 2011) e canção das mídias (Valente, 2003), com estudos de estudos de caso, análises semióticas e históricas. Uma amostra desses trabalhos está no recente livro *A canção romântica no Brasil nos "anos de chumbo": paisagens sonoras e imaginários na cultura midiática* (Valente, 2018), que analisa a canção romântica no contexto do momento mais violento da ditadura militar brasileira por meio da análise histórica e estética da presença da cultura italiana e ítalo-descendente no Brasil, desbravando a imigração através da música.

No campo da semiótica, ciência que se dedica a estudar a produção de sentido por meio dos sistemas de signos, a interdisciplinaridade é prática comum. O método semiótico promove diálogos com diferentes paradigmas e articula diferentes campos do saber. Para Maria de Lourdes Sekeff (1998), o século XX acompanhou o crescimento de duas ciências da linguagem, a linguística (ciência da linguagem verbal) e a semiótica (ciência de toda e qualquer linguagem), tornando necessária uma nova abordagem para a linguagem musical.

Lucia Santaella (2005) discute a matriz sonora e suas modalidades com base na semiótica e no contexto da teoria dos signos de Charles Sanders Peirce (1839-1914), investigando como a música é um campo privilegiado para a exemplificação das tríades perceptivas pela sintaxe, pela forma e pelo discurso em diferentes combinações de signos sonoros. A pesquisadora mapeou os estudos da semiótica na área da comunicação em diferentes publicações, como no livro *Comunicação e pesquisa* (2001), que apresenta uma síntese histórica de teorias, modelos e tendências da pesquisa em comunicação e suas amplas interfaces.

A semiótica estadunidense representada por Peirce investiga o modo de produção dos signos, os esquemas inferenciais do raciocínio (dedução, indução, abdução) e seu vínculo com a realidade referencial. Conhecido pela tipologia dos signos em que se faz a distinção entre ícone, índice e símbolo, Peirce desenvolveu uma classificação ampla para provar que todo pensamento se dá na forma de signos. Já a semiótica francesa ou europeia nasceu das ciências da linguagem, fundamentada particularmente na teoria de Ferdinand de Saussure (1857-1913), com seus postulados estruturais e o conceito de língua. Esse autor compreende o signo com base em uma dualidade entre significante e significado. Podemos compreender melhor isso em seu principal livro, *Curso de linguística geral*, publicado em 1916, que é uma compilação de anotações de suas aulas redigidas por seus alunos.

Como explicou Luís Mauro Sá Martino (2009), o desenvolvimento da semiótica como ciência geral dos signos levou ao surgimento de diversas tendências e aplicações. Na primeira década após a Revolução de 1917, os estudos sobre a linguagem poética e a criação artística almejavam a criação de novas teorias e conceitos para compreender a arte das vanguardas, da literatura, da música e das artes visuais. Contudo, foi a partir da década de 1950 que a semiótica soviética ganhou atenção e expansão com os trabalhos de Yuri Lotman, Boris Uspênski e dos estudos da universidade de Tartu, na Estônia.

Em linhas gerais, Lotman postula o princípio de que todos os sistemas de signos são constituídos da linguagem humana e a têm como modelo. Com base na linguística estrutural, da semiótica, da teoria da informação e da cibernética, Lotman trilhou seus estudos até consolidar a semiótica da cultura, propondo o conceito de semiosfera. Assim, tendo como referência fundamental o aporte conceitual do linguista Roman Jakobson, a abordagem da semiótica da cultura centra-se na linguagem que define qualquer sistema de signos.

A semiótica discursiva ganhou envergadura com os estudos de Algirdas Julius Greimas, nos anos 1960, com a busca pela compreensão da dimensão sensível da significação, baseando-se na dicotomia de Saussure significante *versus* significado para consolidar o estudo da semiótica da significação, definida no conceito de texto. Este é entendido como uma relação entre o plano de conteúdo, seu significado, e o plano de expressão, que tange à manifestação. Para Irene Machado (2003), não se trata, entretanto, de buscar o sentido dos textos, mas de compreender o sentido que é construído nas práticas discursivas. Adeptos da semiótica discursiva, Roland Barthes e Umberto Eco analisaram a mídia como objeto de estudo semiótico nos anos 1960, investigando, por exemplo, o discurso ideológico no funcionamento da publicidade.

Diante dessa perspectiva de análise da cultura, todas essas diferentes escolas semióticas estão presentes nos estudos sobre a música. Afinal, conforme Machado (2003, p. 24), "Onde quer que haja língua, linguagem, comunicação, haverá signos reivindicando entendimento". Desse modo, a semiótica, com suas várias vertentes e escolas, torna-se uma ferramenta importante para o estudo da música, principalmente quando se trata da semiótica aplicada que produz teorias para um exercício de questionamento e análise de diferentes objetos da música.

Em seu livro *O que é música* (1983), J. J. de Moraes divide as maneiras de ouvir música com base na semiótica peirceana, afirmando que existem três modos dominantes de se ouvir música, considerando-se uma analogia com o físico, o emocional e o intelectual (Moraes, 1983, p. 63). Nessa analogia entre os três modos de ouvir e as categorias fenomenológicas de Peirce,

> O autor destaca como primeira uma maneira de ouvir com o corpo. Ou seja, "*é sentir a vibração da sonoridade. É misturar o pulsar do som com as batidas do coração, é um quase não pensar*". Ouvir com o corpo é a materialidade da música entrando em contato direto com a materialidade do corpo. Como um budista entrando em transe com os sons dos gongos e sinos. Ou um jovem que nesse estágio de escuta sente o impulso do ato de dançar em uma discoteca.

No segundo modo, o autor aponta um *"ouvir emotivamente"*. Uma maneira de ouvir que sai da sensação bruta e entra no campo dos sentimentos, da emotividade. Aqui entram os adjetivos: música triste ou alegre, entre outros. Pode-se dizer que é uma tentativa de ouvir o mundo interior através da música. É este modo de escuta que acabou sendo muito utilizado na sonoplastia tanto de cinema como de televisão para criar o chamado "clima ambiental".

No terceiro modo, ocorre um *"ouvir intelectualmente"* em que a estrutura musical é colocada em destaque. A música é pensada como linguagem, organização de certos pressupostos como a escolha de sons e a maneira de articulá-los. *"Ouvir música intelectualmente é perceber que música é constituída de estrutura e forma"*. Como sabemos, a terceiridade aproxima um primeiro e um segundo, numa síntese intelectual, ao pensamento em signos através do qual representamos e interpretamos o mundo. Assim, quando nos referimos ao terceiro nível do código musical sabemos que este se constrói a partir de traços do "corpo" ou do sentimento bruto (primeiro), e da emotividade (segundo). (Carvalho, 2007, p. 5, grifo do original)

Vale aqui destacar o pesquisador e cancionista Luiz Tatit (1986, 1994, 1996, 1997, 2004), que baseou seus estudos sobre a canção nas teorias da linguística e da semiótica, servindo-se dos conceitos dessas áreas para sua análise musical. Tatit dedicou-se ao estudo da linguística e da semiótica aplicada à música por meio de leituras de Saussure, Jakobson, Barthes e, principalmente, Greimas, buscando analisar a canção popular brasileira. Em seus trabalhos, investiga a relação entre melodia e letra, o gesto oral do cancionista, a dicção dos cancionistas, os efeitos enunciativos das canções, as composições, os arranjos, a autoria e a interpretação nas obras de Noel

Rosa, Lamartine Babo, Ary Barroso, Dorival Caymmi, Tom Jobim, Chico Buarque, Caetano Veloso, entre outros.

Essa pesquisa sobre a sonoridade brasileira traduzida em pequenas peças de melodia e letra é apresentada nas obras *A canção: eficácia e encanto* (1986), *Semiótica da canção: melodia e letra* (1994), *O cancionista: composição de canções no Brasil* (1996), *Musicando a semiótica: ensaios* (1997) e *O século da canção* (2004). O músico e pesquisador também sintetizou sua trajetória de estudos e sua atividade musical, passando pelos tempos da vanguarda paulista, com o grupo Rumo, até os anos 2000, em *Todos entoam: ensaios, conversas e canções* (2007).

Nessa linha também se destacam as pesquisas no campo intersemiótico entre música e literatura do "uspianista" José Miguel Wisnik (1989, 2004) – em denominação cunhada por ele mesmo. Os estudos de Wisnik estão em sincronia com as práticas interdisciplinares resultantes da expansão teórica e metodológica ocorrida no Brasil principalmente a partir dos anos 1980, com uma revalorização da história e da cultura e a ampliação do conceito de texto nos estudos literários e na música. Wisnik estudou a música na Semana de Arte Moderna de 1922, o nacionalismo musical, as relações entre a palavra e a música na canção popular brasileira em suas significações sociais, culturais e políticas. Escreveu diversas obras, como *O som e o sentido: uma outra história das músicas* (1989), e inúmeros ensaios, como os compilados em *Sem receita: ensaios e canções* (2004), que reúne ainda um pouco de sua trajetória como compositor e letrista.

Outra interface que se destaca atualmente é o estudo da música no cinema e no audiovisual (telenovelas, programas de TV, animações etc.), que cresceu bastante a partir dos anos 2000 e se consolidou tanto nas áreas de comunicação e cinema quanto na área de música, principalmente na sonologia. Podemos verificar isso com o aumento de pesquisas sobre esse tema nos encontros da Sociedade Brasileira de Estudos de Cinema e Audiovisual (Socine), que publicou o livro *Estilo e som no audiovisual* (Opolski; Beltrão; Carreiro, 2019), em comemoração aos dez anos do seminário temático "Estudos do som", abordando o som e a música no cinema e no audiovisual. Além disso, encontramos trabalhos nesse campo em eventos da Anppom e nos Encontros Internacionais de Música e Mídia, por exemplo.

A expansão dos estudos sobre música no cinema teve um impulso fundamental no mundo a partir dos anos 1980 e, no Brasil, ganhou novos desdobramentos com a leitura e a reflexão de autores como Claudia Gorbman, em particular com *Unheard Melodies* (1987), e Michel Chion, com *L'audio-vision: son et image au cinéma* (1990) e *La musique au cinéma* (1995), que se tornaram os mais citados em estudos de trilha sonora no Brasil.

Para Chion (1995), existem múltiplas possibilidades de combinações, montagens e edições entre música e cinema. Por isso, músicas de diferentes épocas, estilos e tendências podem representar variados códigos culturais sobre uma mesma cena, provocando significados e leituras audiovisuais plurais. No entanto, para o autor, a concepção da música é indissociável da concepção do estilo do filme. Para demonstrar isso, ele analisa a história da música dos filmes, dos cinemas mudo, clássico, moderno e pós-moderno, examinando suas funções. Sua pesquisa cobre os usos da música erudita, da canção popular e da concepção musical com base no estilo de autores do cinema, como Alfred Hitchcock, Ingmar Bergman, Jacques Demy e Clint Eastwood.

Por sua vez, Gorbman (1987) analisa o uso da música nos filmes narrativos clássicos das décadas de 1930 e 1940, destacando sete princípios básicos aplicados aos processos de composição, mixagem e montagem. No Brasil, Suzana Reck Miranda (2011) realizou uma revisão crítica dos estudos de música no cinema pós-Gorbman e expandiu o campo após as contribuições dos anos 1980, discutindo conceitos de autores como Caryl Flinn, Jeff Smith e Kathryn Kalinak. A autora demonstra, assim, que o campo se desenvolveu ao longo do tempo, refinando análises de obras contemporâneas e interdisciplinaridades nos enlaces entre música e cinema.

Miranda (2014) também se dedicou ao estudo da contribuição do musicólogo britânico Philip Tagg, pioneiro na análise sobre a música popular e membro fundador da International Association for the Study of Popular Music (IASPM), no início da década de 1980. Segundo a autora, desde suas primeiras pesquisas, Tagg dedicou-se a desenvolver um modelo analítico que focalizava o contexto paramusical, no qual as significações musicais são necessariamente compreendidas para além de seus elementos intrínsecos e estruturais.

Ainda, de acordo com Heloísa Valente (2017), Tagg parte da linguística para desenvolver categorias e terminologias para a música, com o estabelecimento de unidades mínimas semânticas, que denominou *musemas*. Esse método de análise semiótica musical é apresentado em sua obra *Ten Little Title Tunes*, escrita em parceria com Bob Clarida (2003). Para a autora, além das relações semânticas, Tagg inclui em sua análise temas de cunho político, como gênero e etnicidade (Valente, 2017).

No âmbito da pesquisa sobre a música no cinema no Brasil, vários pesquisadores vêm consolidando suas trajetórias acadêmicas, como Ney Carrasco (2003), com seu trabalho de formação de pesquisadores na Universidade Estadual de Campinas (Unicamp), e Guilherme Maia, com seus projetos de pesquisa que abrangem a música em documentários (Maia; Serafim, 2015) ou o cinema musical da América Latina (Maia; Zavala, 2018). Cabe mencionar ainda a investigação teórica da música de cinema de Suzana Reck Miranda (2014), as pesquisas de Luiza Alvim (2017) sobre o uso de peças musicais preexistentes do repertório clássico no cinema e mesmo a própria pesquisa da autora desta obra sobre a canção popular na história do cinema brasileiro (Carvalho, 2015).

1.5 Paradigmas para a pesquisa em música

A área de música é muito extensa, portanto é preciso especificar sua subárea para definir melhor o campo de pesquisa. Entre as subáreas atuais da pesquisa em música no Brasil, destacam-se a musicologia histórica e aplicada; a etnomusicologia, que trata das manifestações sonoras ou musicais de culturas diversas do mundo, em diálogo com a antropologia; a educação musical e suas teorias, metodologias e práticas de ensino e aprendizagem; os estudos sobre música popular; a teoria e a análise musical; e a estética musical e suas interfaces, incluindo outras áreas do conhecimento que também dialogam com a música, entre elas música e comunicação, com trabalhos sobre as relações entre as mídias e a produção musical.

Atualmente, há uma perspectiva muito ampla sobre as várias interfaces da pesquisa em música baseada na interdisciplinaridade. Isso não pressupõe a descaracterização do campo de conhecimento, mas, pelo contrário, a interação entre diferentes campos sob o enfoque pós-moderno. Essa visão rica e ampla de pesquisa, segundo Vanda Freire, em seu artigo "Pesquisa em música e interdisciplinaridade" (2010b), busca transpor, sem desqualificar, limites rígidos entre áreas de conhecimento e é pautada no pensamento pós-moderno, ampliando os possíveis ângulos de abordagem nas pesquisas sobre música.

Ainda de acordo com a pesquisadora, as diferentes subáreas da música precisam de novas estratégias metodológicas, pois não se trata de mudar alguns elementos na superfície, senão de construir conhecimento com base em novas premissas. Essas novas estratégias envolvem um novo espaço para a subjetividade e para a flexibilidade metodológica, ou seja, uma atenção ao fato de que os métodos e os referenciais teóricos não são totalmente predefinidos, uma vez que as pesquisas, sob o enfoque pós-moderno, transitam permanentemente entre a teoria e a prática, o que abre a possibilidade de novos métodos e novos conceitos serem suscitados no decorrer da investigação. Além disso, é importante ampliar os estudos de música abrangendo a diversidade cultural contemporânea e a dimensão midiática da produção musical, principalmente em pesquisas de pós-graduação.

Diante disso, para conhecer o campo de estudo e os principais paradigmas da pesquisa em música, é preciso criar o hábito da leitura de textos científicos a fim de favorecer o domínio de pressupostos teóricos para a elaboração escrita de um novo projeto de pesquisa. Livros e coletâneas temáticas da área são fontes de pesquisa sobre alguns temas, conceitos, teorias, métodos de análise e novos objetos de pesquisa. Nos últimos anos, por exemplo, tornou-se comum a publicação de séries de livros organizados por professores e pesquisadores de cursos de pós-graduação e de associações brasileiras ligadas à música.

Como comentamos, a Anppom incentiva a pesquisa e a formação de pesquisadores e pós-graduandos em Música no país, servindo também aos alunos de graduação como fonte importante para a compreensão da pesquisa em música atual. Conforme seu *site* oficial (Anppom, 2022), os encontros anuais da Anppom agregam principalmente pesquisas de nove subáreas: composição, educação musical, etnomusicologia, *performance*, música e interfaces, música popular, musicologia e estética, sonologia e teoria e análise. Entre suas iniciativas de publicação, a associação criou a Série Pesquisa em Música no Brasil, que apresenta um mapeamento dos domínios, metodologias e tendências da pesquisa em música no país, investigando suas novas perspectivas, teorias e objetos de estudo.

Essa série está disponível em formato *e-book* no portal da associação. O primeiro volume chama-se *Pesquisa em música no Brasil: métodos, domínios, perspectivas* e foi organizado pelo pesquisador Rogério Budasz (2009). O segundo é intitulado *Criação musical e tecnologias: teoria e prática interdisciplinar*, com a coordenação editorial de Budasz e Damián Keller (2010). O terceiro teve a organização de Isabel Porto Nogueira e Susan Campos Fonseca e ganhou o título *Estudos de gênero, corpo e música: abordagens metodológicas* (2013). O quarto volume, *A pesquisa acadêmica na área de música: um estado da arte (1988-2013)*, foi organizado por Lia Tomás em 2015. O quinto volume recebeu o título em inglês *The Preparation of Music Teachers: a Global Perspective* (2015), sendo coordenado por Sérgio Figueiredo, José Soares e Regina Schambeck. O sexto volume, intitulado *Fronteiras da música: filosofia, estética, história e política* (2016), ficou sob a responsabilidade editorial de Lia Tomás, e o sétimo volume, *Aplicações em música ubíqua* (2018), teve a organização de Damián Keller e Maria Helena de Lima.

Também as revistas científicas especializadas em música têm papel fundamental na divulgação de resultados de pesquisas para a comunidade acadêmica e a sociedade. Essas revistas, principalmente por meio da publicação de artigos científicos, promovem a circulação de conhecimento e garantem a memória dos estudos sobre música de ontem e hoje. Por isso, são fontes de pesquisa obrigatórias para qualquer pesquisador que busque conhecer e acompanhar as atividades de pesquisa nas universidades brasileiras e internacionais.

Para manter-se a par das atualidades da pesquisa em música, é possível investigar as publicações de várias revistas ligadas aos programas de pós-graduação disponíveis em seus portais na internet. Entre os periódicos nacionais, podemos destacar a *Música Hodie* (2022), criada em 2001, publicação do Programa de Pós-Graduação em Música da Universidade Federal de Goiás (UFG) que, segundo sua apresentação, agrega pesquisas sobre *performance* musical e suas interfaces, composição e novas tecnologias, educação musical, música e interdisciplinaridade, musicoterapia, linguagem sonora e intersemiose. Podemos considerar também a revista *Música Popular em Revista* (2022), da Unicamp, dedicada aos estudos de música popular, e a *Revista Música* (2022), da Escola de Comunicações e Artes da Universidade de São Paulo (ECA-USP), entre outras.

As revistas científicas apresentam, ainda, vários dossiês temáticos que permitem compor um panorama sobre temas e objetos de pesquisa com diferentes metodologias e resultados. São exemplos atuais o dossiê "Bicentenário de Clara Schumann (1819-2019), uma reflexão sobre a atuação e a visibilidade das mulheres na música", organizado pela pesquisadora Eliana Monteiro da Silva na *Revista Música* (2019), e o dossiê "Música popular nordestina e mercado (1950-2010)", organizado por Eduardo de Lima Visconti e Gustavo Alves Alonso Ferreira para a *Música Popular em Revista* (2019).

Além das revistas ligadas aos programas de pós-graduação, existem revistas ligadas a entidades e associações. Entre elas, destaca-se, conforme indicamos, a revista *Opus* (2022), fundada em 1989, para a divulgação das pesquisas da Anppom, reunindo estudos sobre composição, educação musical, música e tecnologias, musicologia (incluindo musicologia histórica e analítica e etnomusicologia), entre outros. Outro importante título nesse sentido é a *Revista da Abem* (2022), que centraliza temas ligados à educação musical, divulgando pesquisas que buscam analisar o ensino de música, seus contextos históricos e políticos, os novos paradigmas educacionais, pedagógicos e didáticos, apresentando novas práticas nas escolas de ensino básico e superior e nas escolas especializadas em música. Há, ainda, a mais recente *Revista Brasileira de Estudos em Música e Mídia* (2022), criada em 2020 pelo MusiMid, com enfoque em pesquisas interdisciplinares sobre música, reunindo estudos de aporte teórico da semiótica musical, da musicologia histórica e analítica, abrindo espaço para novas investigações sobre as interfaces da música com outras linguagens artísticas, meios e processos da cultura midiática.

▷▷ Resumo da ópera

As relações entre música e filosofia consolidaram estudos dos dois campos de pesquisa. O tema da música percorre toda a história da filosofia, e vários pensadores analisaram sua importância para as artes e para a educação, adotando concepções sobre linguagem e forma que influenciaram inúmeros paradigmas e teorias da música.

Na história da filosofia contemporânea, podemos destacar a relevante discussão promovida por Adorno, que também merece atenção no campo da música. Seu pensamento crítico sobre a música resgatou fundamentos da filosofia, da sociologia e da análise crítica das artes. Sua obra é inconteste para discutir a música até a atualidade, especialmente no que se refere à relação entre música, indústria cultural, fetiche da mercadoria e autonomia da arte e às transformações da música popular e da erudita com os novos hábitos de escuta.

A pesquisa sobre música é uma instância necessariamente vinculada à dimensão da estética e da história. Como se trata de uma área grande, é preciso especificar sua subárea para definir melhor o campo de pesquisa. Entre as subáreas atuais, destacam-se a musicologia histórica e aplicada; a etnomusicologia, que aborda as manifestações sonoras ou musicais de culturas diversas do mundo, em diálogo com a antropologia; a educação musical, com suas teorias, metodologias e práticas de ensino e aprendizagem da música; os estudos sobre música popular; a teoria e a análise musical; a criação musical e a *performance*; e a estética musical e suas interfaces, incluindo outras áreas do conhecimento que também dialogam com a música, entre elas música e comunicação, com trabalhos sobre as relações entre as mídias e a produção musical, estudos de semiótica e discussões sobre a música no cinema.

A interdisciplinaridade é prática recorrente da pesquisa científica no Brasil desde a década de 1970 e acarreta desafios teóricos, pessoais e metodológicos. Na área de música, essa perspectiva sempre esteve presente, desde seus antecedentes filosóficos até o interesse pela pesquisa em música em vários cursos e áreas de conhecimento. Com essa perspectiva pós-moderna, a pesquisa em música continua a desenvolver-se por meio de novas interfaces entre diferentes campos de conhecimento, ampliando temas, objetos e conceitos.

Teste de som

1. Indique se as afirmativas a seguir são verdadeiras(V) ou falsas(F) e, depois, assinale a opção que apresenta a sequência correta:
   ( ) A relação da filosofia com a educação existe desde o mundo grego. A educação grega orientava-se pela filosofia e pela arte. A música, portanto, sempre esteve associada à educação e à formação do homem.
   ( ) O tema da música na filosofia medieval estava associado à religião cristã e à fé. Santo Agostinho, por exemplo, dedicou um tratado intitulado *De Musica* à apresentação de sua ideia de que a música é a ciência do bem medir, valorizando-a como louvor a um único Deus e associando a expressão "bem medir" com o conceito de belo.
   ( ) O filósofo Jean-Jacques Rousseau foi também professor de música na França. Para ele, a melodia está à frente da harmonia, valorizando as palavras que podem conferir certa determinação à arte dos sons.
   ( ) Nietzsche não se dedicou a reflexão filosófica sobre a música. Para ele, a arte que merecia atenção quanto ao seu

significado e à sua estética era o teatro, por suas relações com a tragédia grega.
a) V, V, F, V.
b) V, F, V, F.
c) V, V, V, V.
d) F, V, F, F.
e) V, V, V, F.

2. Indique se as afirmativas a seguir são verdadeiras (V) ou falsas (F) e, depois, assinale a opção que apresenta a sequência correta:
( ) Adorno discutiu a música de seu tempo conjugando a prática analítica com a experiência estética para conceber uma teoria crítica, tornando-se um autor fundamental para a filosofia da música.
( ) Para Adorno, a regressão da audição significava a incapacidade crescente do ouvinte em avaliar de maneira crítica e sensível os *hits* executados pelo rádio.
( ) Para Adorno, o consumidor não é soberano, e sim um objeto da engrenagem industrial da cultura e da música que visa ao lucro e à alienação.
( ) Adorno discutiu, por meio do conceito de indústria cultural, a decadência da audição e a padronização da música popular contemporânea.
a) V, V, F, V.
b) V, F, V, F.
c) V, V, V, V.
d) F, V, F, F.
e) V, V, V, F.

3. Assinale a alternativa que **não** corresponde a um paradigma para a pesquisa em música:
   a) Musicologia histórica.
   b) Etnomusicologia.
   c) Estudos sobre música popular.
   d) As teorias do jornalismo impresso.
   e) As relações entre a música e as mídias.

4. Assinale a alternativa correta:
   a) A pesquisa sobre música apresenta uma dimensão ligada à estética e à história, tendo um caráter essencialmente interdisciplinar.
   b) Os estudos sobre música no Brasil não reconhecem a música popular como objeto de pesquisa.
   c) A pesquisa em música no Brasil existe apenas nos programas de pós-graduação em Música.
   d) A pesquisa sobre música não apresenta uma dimensão interdisciplinar.
   e) A pesquisa sobre música não integra os estudos sobre educação musical.

5. Assinale a alternativa que **não** corresponde a uma revista científica da área de música:
   a) Música Hodie.
   b) Opus.
   c) Revista Brasileira de Estudos em Música e Mídia.
   d) Revista Música.
   e) Revista da Amem.

Treinando o repertório

Pensando na letra

1. Ao final da leitura deste capítulo, explique sinteticamente qual é a importância da música para a filosofia.

2. Redija uma breve redação sobre a importância das contribuições de Theodor Adorno para o estudo da música do passado e da atualidade.

Som na caixa

1. Pesquise pelo menos três revistas científicas da área de música na internet. Verifique as linhas editoriais de cada uma e os temas e objetos de pesquisa dos artigos científicos publicados.

Capítulo 2

PARADIGMAS DA PESQUISA EM MÚSICA

Este capítulo apresenta os principais fundamentos da metodologia da pesquisa em música e aborda a importância da definição e da delimitação de um tema e a seleção dos métodos e das técnicas. Enfoca também as abordagens de pesquisa qualitativas e quantitativas e a classificação da pesquisa científica quanto a seus objetivos (exploratória, descritiva ou explicativa) e quanto a seus procedimentos (experimental, bibliográfica, documental, etnográfica, estudos de caso, entre outros). Trata, ainda, da relevância e dos objetivos da pesquisa em música com base nos parâmetros básicos para a construção de um projeto de pesquisa, destacando exemplos de abordagens brasileiras e algumas das principais linhas de pesquisa desenvolvidas em programas de pós-graduação em Música no Brasil.

2.1 Importância da pesquisa em música

A música é uma atividade que fascina e intriga a humanidade. Não há registro histórico de uma sociedade ou comunidade que não tivesse uma forma de expressão musical. Além disso, é fácil falar sobre música, principalmente no Brasil, com sua diversidade cultural histórica formada por meio da mistura da música dos indígenas, dos negros e dos europeus no longo processo de colonização e renovada em sua força criativa antropófaga nos enlaces da indústria cultural até os dias atuais. Tarefa bem diferente é falar sobre pesquisa em música, quando se coloca a necessidade de o pesquisador se apropriar dos vários conhecimentos já construídos por diversos autores e, com base nessa leitura e nesse diálogo, elaborar um projeto de pesquisa pessoal e coerente.

A experiência científica para um estudante de música desvenda a possibilidade de crescimento acadêmico, pessoal, intelectual e profissional. A análise de uma obra musical com a contextualização de seu período histórico, seu estilo e seu valor estético pode ser não somente uma iniciação científica para o aluno de graduação, mas também um bom caminho para alcançar uma melhor *performance* em execução pública ou discutir técnicas criativas na formação de um estilo próprio.

São inúmeros os temas musicais que podem ser pesquisados, empírica ou teoricamente. Entretanto, é necessário compreender a linguagem e os métodos científicos para elaborar projetos de pesquisa coerentes e relevantes.

Desde o final do século XIX, a música, em suas diversas modalidades, variantes e linguagens, vem desenvolvendo-se de maneira mais complexa e interligada à cultura e aos novos meios de comunicação, com o surgimento de aparelhos que possibilitaram a captação, a fixação, a amplificação e a transmissão do som a distância. Dessa forma, os signos musicais passaram a ser criados e discutidos por meio de abordagens interdisciplinares, alargando-se o debate estético sobre a linguagem musical.

A música integrou, portanto, novas linguagens e meios, desde o surgimento da canção popular urbana, dos sucessos do rádio, da indústria do disco, da trilha musical do cinema e da TV até a cultura da internet e das redes sociais. Porém, segundo Lia Tomás (1998, p. 7), no texto de apresentação do livro *De sons e signos: música, mídia e contemporaneidade*, a abordagem interdisciplinar da música existe desde a Antiguidade, com uma diversidade de ideias relacionadas à metafísica, à ciência, à educação, à política e a outros campos, além de uma pluralidade de pressupostos teóricos que marcam o debate sobre a linguagem musical desde a filosofia dos pré-socráticos.

A pesquisa em música concentra-se no estudo dos vários componentes que se articulam no processo artístico, podendo investigar autores e artistas, que são pessoas situadas em determinado contexto sociocultural capazes de criar obras artísticas com base em sua sensibilidade, sua técnica e seu entendimento da música. Também é possível estudar os produtos artísticos, que são os trabalhos resultantes de um fazer e de um pensar que sintetizam modos e conhecimentos artísticos, ou os meios e processos de divulgação da música, sua recepção e seu público.

A pesquisa nos cursos superiores de Música estimula o desenvolvimento de competências artísticas, pedagógicas e científicas, em sintonia com alguns pontos essenciais das Diretrizes Curriculares para o Ensino Superior em Música no Brasil – disponíveis no portal do Ministério da Educação (MEC) – em suas três grandes subáreas de formação – educação, composição e execução musical –, contemplando os cursos de licenciatura e bacharelado.

Nesse sentido, a pesquisa contribui para a formação de um egresso crítico e reflexivo perante o papel da música na sociedade e sua atuação profissional ética. Busca-se formar um cidadão comprometido com a valorização da diversidade cultural, da educação laica e de qualidade e da importância social e política da música para os indivíduos.

Ademais, ao promover o pensamento reflexivo, a pesquisa científica propicia o desenvolvimento, a divulgação e a apreciação da criação e da execução musical, de modo a formar profissionais com amplo conhecimento sobre teoria, prática, pedagogia e desdobramentos interdisciplinares da música e de seu mercado de trabalho.

São fundamentais, nesse contexto, as discussões e reflexões sobre música no contexto do mercado cultural contemporâneo, da globalização, das pluralidades regionais, dos novos meios de formação de gosto, da cultura midiática, das transformações nos diferentes estilos de música popular e erudita e das novas relações socioculturais e tecnológicas.

A pesquisa em música nos cursos de graduação, nas habilitações de bacharelado e licenciatura, permite, portanto, a articulação de conteúdos básicos da área e de conceitos mais amplos da cultura, das artes e das ciências humanas e sociais, com conteúdos específicos, abrangendo a integração entre a teoria e a prática do conhecimento instrumental, composicional, histórico e estético. Na graduação, tal como apresentamos na introdução deste livro, a pesquisa em música na iniciação científica e no trabalho de conclusão de curso (TCC) torna-se um grande desafio do saber. Afinal, saber música e saber ser professor de música depende da capacidade reflexiva que se conquista com a investigação científica. A ênfase na formação científica estimula novas pesquisas e promove a divulgação de conhecimentos e técnicas, incentivando a inovação e a criação cultural e artística.

2.2 Construção de um projeto de pesquisa

A primeira etapa de uma pesquisa é a definição do tema a ser estudado. Qualquer pesquisa em música só existe em função de um problema. Contudo, a escolha do problema ocorre com base em paradigmas e perspectivas da pesquisa na área, conforme explicitado nos capítulos anteriores. A formulação do problema da pesquisa geralmente é feita na forma de uma pergunta, que se transforma em uma ação que visa encaminhar o alcance de um objetivo da pesquisa.

O problema é uma dificuldade, teórica ou prática, que se impõe no conhecimento de um tema, para a qual se deve encontrar uma solução. Para a definição de um problema, é preciso pensar se este é relevante para a área de música, se tem uma aplicabilidade artística e social e se pode ser desenvolvido em um trabalho científico delimitado pelo tempo e pelo espaço, considerando-se o período de realização da pesquisa e da instituição à qual o pesquisador está vinculado. Dessa maneira, é fundamental lembrar que a pesquisa na graduação geralmente se desenvolve no decorrer de dois semestres e que segue regras, normas e calendário acadêmico específicos da instituição de ensino, do curso e da habilitação em questão.

De modo geral, o tema é delimitado, isto é, recortado para estudo, tornando-se a chave de identificação e seleção do campo de pesquisa, remetendo ao objeto de estudo. Assim, não se deve definir, por exemplo, um estudo sobre o samba de maneira geral, mas fazer um recorte, como estudar o samba no cinema brasileiro ou o samba em São Paulo.

Como exemplo de recortes e temas, podemos citar a pesquisa do músico Antonio Eduardo Santos (1997), que investigou o antropofagismo na obra pianística de Gilberto Mendes. Para isso, o pesquisador discutiu o sentido antropofágico na obra musical de Gilberto Mendes, analisando os modelos que influenciaram a produção para piano do compositor, dividida em três fases: a formação (1945-1959), o experimentalismo (1960-1982) e a "trans-formação" (após 1982).

Por sua vez, o músico Paulo de Tarso Salles investigou, em *Villa-Lobos: processos composicionais* (2009), alguns aspectos estruturais da obra villalobiana, como choros, bachianas, obras para violão e piano. A pesquisa apresenta uma abordagem etnográfica, discutindo parâmetros ideológicos e artísticos da produção musical de Villa-Lobos por meio da análise das partituras modernistas do compositor e delineando os elementos que formaram sua técnica e contribuíram para a música dos séculos XX e XXI. Outra pesquisa mais recente que ajuda a ilustrar a delimitação do objeto de estudo é a de Juliano de Oliveira, intitulada *A significação da música no cinema* (2018). Essa tese de doutorado publicada em livro aborda as formas como a música adquire e atribui sentido em contexto cinematográfico. A pesquisa analisa filmes de dois gêneros, o *western* e a ficção científica, tendo como referencial teórico estudos musicológicos com ênfase cognitivista e semiótica.

É importante notar que a pesquisa sobre música pode buscar analisar partituras, coleções e arquivos musicais, discos, filmes, programas de rádio e TV, textos de crítica especializada, materiais didáticos do ensino de música, jogos, peças teatrais, desenhos animados, *sites* educativos, entre outras fontes que também precisam ser levantadas, selecionadas, contextualizadas e bem apresentadas na pesquisa.

O objeto de estudo deve ser delimitado de forma específica e com base no tema do trabalho. Para isso, o ideal é construir uma boa pergunta sobre o tema que será o ponto de partida da pesquisa. Nem sempre é fácil para o jovem pesquisador conseguir formular de maneira objetiva e clara o problema que deseja investigar. Porém, é fundamental ter em mente que a característica principal do enunciado de um problema é uma indagação, uma questão de pesquisa.

Para a elaboração dessa pergunta, o estudante deve levar em conta seu conhecimento sobre o tema, as leituras já realizadas e os aspectos que conduziram até esse ponto de interesse. Por isso, é importante estudar a questão e investigar livros, artigos científicos, outras pesquisas e textos sobre o assunto. Ler e gostar de ler são requisitos imprescindíveis para um pesquisador.

Com essas primeiras leituras, fica mais fácil escolher o que realmente se quer estudar e, com isso, selecionar um viés sobre o tema, que sempre é muito amplo e deve ser delimitado, como mencionamos. Para essa delimitação, é fundamental verificar a relevância do que se pretende investigar de novo sobre um tema que, provavelmente, já foi abordado por outros pesquisadores.

Conhecer as linhas de pesquisa dos programas de pós-graduação em Música no Brasil muitas vezes pode ser um caminho interessante para investigar novas pesquisas, pesquisadores, temas, domínios, métodos, tendências e perspectivas. Essas linhas estruturam as pesquisas de pós-graduação nas universidades e também impulsionam novas publicações e apresentações de trabalhos científicos em congressos, seminários, simpósios e publicações especializadas, tornando-se fontes de pesquisa singulares.

Uma das linhas de pesquisa mais presentes hoje nos programas é a de música, cultura e sociedade, que, de maneira recorrente, tem como objeto o conjunto dos fenômenos musicais contemporâneos, em seus aspectos sociais, históricos, estéticos, de linguagem e produção, além de sua interface com os fenômenos da cultura. Outra linha bastante comum é a de música e educação, que visa à reflexão sobre as experiências e as potencialidades da prática da educação musical, buscando-se ampliar as possibilidades pedagógicas e investigar práticas de ensino e aprendizagem da música nas escolas, do ensino fundamental ao superior, bem como nas escolas e cursos livres. Essa linha se atrela às dimensões didáticas e pedagógicas dos cursos de licenciatura em Música, promovendo a análise crítica da formação e atuação do professor.

Além disso, existem linhas que contemplam de maneira ampla estudos de musicologia, abordando a memória, a documentação e a interpretação histórica, além de questões e estudos históricos, estéticos e teóricos relacionados a determinado contexto cultural. Assim, o termo *musicologia* compreende pesquisas em história e teoria da música, composição, estética, análise e crítica musical e etnomusicologia.

Também merecem atenção linhas de pesquisa que tratam de poéticas de criação musical, as quais reúnem pesquisas sobre processos criativos e analisam composição, práticas em execução musical, *performance* e sonologia, abarcando estudos que investigam a produção artística, as experiências e as vivências da prática musical.

Definido o problema ou a questão da pesquisa, determina-se o direcionamento para o processo de trabalho de elaboração do projeto, bem como para a execução e o desenvolvimento da própria pesquisa. Afinal, a função de um projeto é planejar a pesquisa. Tudo deve estar previsto nele: a escolha do tema; a coleta de informações; a definição de um problema; a justificativa em relação às discussões sobre o assunto abordado; a seleção dos objetivos; o levantamento das hipóteses; o estabelecimento de um referencial teórico e de uma metodologia adequados às escolhas anteriores; e a previsão do cronograma. Todos esses itens são fundamentais para a estruturação de um projeto de pesquisa.

Com base no problema, elaboram-se as hipóteses que serão utilizadas para explicá-lo ou responder à questão apontada. Elas se constituem em suposições ou preposições de respostas para o problema de pesquisa. Funcionam como respostas provisórias à questão central que se estabeleceu. O desafio durante a execução da pesquisa consiste em verificar a validade dessas "respostas provisórias", seja para confirmá-las, seja para refutá-las. As hipóteses devem ser formuladas de maneira afirmativa, demandando criatividade, leitura e senso crítico.

Por ser uma espécie de "aposta", as hipóteses operam na categoria do provável e têm, muitas vezes, caráter provisório – em alguns casos, é possível, até mesmo, que se revelem equivocadas. Mesmo assim, são elas que norteiam a exploração pelo território da pesquisa e da investigação. Ao final do projeto, as hipóteses devem ser testadas para verificar se as respostas inicialmente pensadas se confirmaram ou não.

2.3 Métodos e técnicas de pesquisa

Os métodos de pesquisa podem ser definidos como possíveis caminhos a percorrer em busca do cumprimento dos objetivos. Eles são os meios, o "como" a pesquisa vai se desenvolver para ser capaz de responder às perguntas elaboradas em torno de um objeto. A metodologia, portanto, define-se como o estudo desses métodos, fundamentais para a pesquisa em música.

Todo método está baseado, de certa maneira, na ideia de ordem, implicando organização e planejamento. Os métodos aplicados à pesquisa precisam garantir a relação de coerência com seus objetivos e seu referencial teórico, com conceitos e teorias que fundamentarão a discussão temática e suas conclusões.

A revisão da literatura, por exemplo, corresponde a uma leitura crítica da literatura especializada a fim de situar o tema da pesquisa em relação ao atual estado de conhecimento da área. Apresenta uma síntese dos textos lidos e dos estudos já realizados sobre o assunto em questão, contextualizando o problema de pesquisa, o que se sabe sobre ele e quais são os conceitos mais relevantes para analisá-lo. Esse método propicia, pois, a sistematização do conhecimento científico já acumulado sobre o tema específico do projeto de pesquisa.

É importante ter em mente que um método é um procedimento ou caminho para alcançar determinado objetivo e que a finalidade da ciência é a busca pelo conhecimento. Logo, podemos afirmar que o método científico é um conjunto de procedimentos escolhidos nessa busca. Para isso, os métodos de pesquisa compreendem diferentes abordagens, que podem ser qualitativas (análise de conteúdo, pesquisas descritivas e analíticas) ou quantitativas (análises de estatísticas, tabulação de questionários).

O **método qualitativo** baseia-se na argumentação ou na discussão sobre os resultados do estudo por meio de análises e percepções. Primeiramente, é preciso descrever o problema para, depois, formular a análise. Essa abordagem se desenvolveu principalmente por meio da pesquisa documental, dos estudos de caso e da etnografia. No entanto, o estudo qualitativo contempla diferentes caminhos e procedimentos metodológicos, objetivando o enfoque analítico e técnicas distintas dos estudos experimentais. Os pesquisadores que utilizam os métodos qualitativos buscam explicar o porquê das coisas e consideram que os dados analisados não são apenas métricos e precisam ser discutidos sob diferentes perspectivas teóricas, valorizando o contexto do tema pesquisado.

Por sua vez, o **método quantitativo** é definido pelo uso da quantificação e da objetividade nas modalidades de coleta de dados e análise de informações, recorrendo às técnicas estatísticas. A pesquisa participante, a pesquisa-ação e a pesquisa de história oral são consideradas quantitativas. Essa abordagem representa a intenção de garantir a precisão dos resultados, com informações numéricas, a fim de evitar distorções de análises e interpretações. Tal método pressupõe o uso de estatísticas e de recursos gráficos para a compilação de dados e informações coletados por meio de diferentes técnicas, como questionários, experiências e investigações de uma amostragem. Por isso, requer bom conhecimento de matemática e de *design* para melhor tratar a representação gráfica dos dados numéricos, tanto em sua coleta quanto, posteriormente, na tabulação dos resultados da análise.

Segundo Antonio Carlos Gil (2018), é possível classificar a pesquisa científica também quanto a seus objetivos:

- **Pesquisa exploratória**: é o levantamento de informações sobre determinado fenômeno ou problema, de modo a aumentar a familiaridade com ele e formular problemas e hipóteses mais precisos. Geralmente, trata-se de uma pesquisa bibliográfica ou um estudo de caso e, por isso, é muito comum em TCCs e pesquisas de iniciação científica.
- **Pesquisa descritiva**: consiste no registro e na análise de características de um fenômeno ou grupo, evitando a interferência do pesquisador, por meio de técnicas padronizadas de coleta e análise de dados.
- **Pesquisa explicativa**: compreende o registro, a análise e a interpretação de fenômenos em busca de identificar suas causas.

É uma pesquisa mais complexa, que busca verificar hipóteses causais.

Além disso, a pesquisa científica pode ser classificada quanto a seus procedimentos, como nos seguintes casos:

- **Pesquisa experimental**: consiste na observação baseada em experimentos controlados, com alterações de variáveis e instrumentos de coleta de dados submetidos a testes que assegurem sua eficácia, além de análises estatísticas de resultados. Pode ser uma pesquisa de campo ou de laboratório.
- **Pesquisa bibliográfica**: corresponde ao levantamento de informações e conhecimentos acerca de um tema com base em diferentes materiais bibliográficos já publicados, estabelecendo um diálogo entre diferentes autores, conceitos, informações e dados.
- **Pesquisa documental**: implica o levantamento e a análise de materiais que ainda não receberam um tratamento analítico, como documentos oficiais, cartas, filmes, reportagens e críticas de jornais, fotografias, gravações etc. A pesquisa documental abrange arquivos públicos e privados, coleções e acervos particulares.
- **Levantamento de campo**: trata-se de uma investigação em que se fazem perguntas diretamente às pessoas que se pretende estudar. Na maioria das vezes, são usados procedimentos estatísticos para que uma amostra significativa de todo o universo seja selecionada.
- **Estudo de caso**: consiste em um estudo profundo de um ou de poucos casos, de modo a investigar um fenômeno no âmbito de seu próprio contexto. Pode ser usado em pesquisas exploratórias,

descritivas e explicativas. É um dos métodos mais utilizados em pesquisas de iniciação científica e TCCs das áreas de música e comunicação.

Na pesquisa em música, a abordagem histórica é praticada desde o século XVII, como informa Warren Dwight Allen (1962), e o estudo histórico da música, segundo Paulo Castagna (2008), sempre precisou ser fundamentado em uma teoria da história. Para o pesquisador, os estudos histórico-musicais foram realizados no Brasil desde o século XIX, com abordagens biográficas que tiveram uma fase de maior interesse musicológico com Mário de Andrade, Luís Heitor Correia de Azevedo e outros, até a década de 1950, mas tornaram-se propriamente científicos com os trabalhos de Francisco Curt Lange, a partir da década de 1940. Autores como Jaime Diniz, Cleofe Person de Mattos, Régis Duprat e Antonio Alexandre Bispo deram sequência a esse tipo de abordagem, produzindo informações que subsidiaram a escrita de uma história da música no Brasil baseada na música e não apenas na biografia de seus compositores.

Já o método teórico-analítico, desenvolvido a partir do século XVII, de acordo com Castagna (2008), objetiva compreender a estrutura interna das obras, sem focalizar necessariamente uma interpretação dos significados e dos contextos históricos da composição. Mais antiga que a análise musical, a teoria da música nasceu na filosofia, com aportes conceituais desde a Grécia Antiga e uma expansão notável a partir do Renascimento. No entanto, de maneira diversa em relação à história e sua preocupação com os eventos ao longo do tempo, a teoria e a análise concentram-se no exame dos fenômenos em si, voltando-se à investigação da estrutura e da forma, sem atentar à sua origem.

Para Fernando Binder e Paulo Castagna (1998), teóricos musicais brasileiros existem desde o século XVIII, como Caetano de Melo Jesus, Luís Álvares Pinto e André da Silva Gomes, mas, à exceção do primeiro, suas obras estavam essencialmente ligadas à música prática. Essa visão se proliferou no século XIX, com as obras de José Maurício Nunes Garcia, Francisco Manuel da Silva, Rafael Coelho Machado, entre outros. No século XX, embora a teoria tenha experimentado um desenvolvimento considerável com autores como Luiz Cosme, José Paulo da Silva, Savino de Benedictis, Osvaldo Lacerda e outros, predominou seu caráter prático, sendo menos comum a teoria musical como especulação acerca dos elementos constitutivos da música.

Outro método é a pesquisa arquivística. Arquivos consistem em um conjunto de documentos produzidos com a atividade de determinado profissional ou de algum tipo de administração, diferenciando-se de uma coleção – a qual se constitui de documentos intencionalmente reunidos por um colecionador que não tem relação direta com sua geração. Segundo Castagna (2008), esse tipo de pesquisa foi inaugurado no Brasil por Francisco Curt Lange, na década de 1940, e continuado por Régis Duprat, Jaime Diniz, Cleofe Person de Mattos, Flávia Toni e outros. Apesar de pouco desenvolvida, a pesquisa arquivística possibilita considerar periódicos e livros de viagens, apresentando-se como um campo com grande potencial para futuras investigações musicológicas.

É bastante importante valorizar a pesquisa documental, em particular aquelas sobre documentos musicais e audiovisuais. Um acervo digno de atenção em seu trabalho de catalogação, memória e pesquisa é o da Biblioteca da Escola de Comunicações e Artes da Universidade de São Paulo (ECA-USP), que abriga um grande volume de gravações sonoras, partituras, materiais de foto e vídeo catalogados desde o final dos anos 1960. Outro acervo também relevante para a pesquisa em música popular é o do jornalista, historiador e crítico musical José Ramos Tinhorão, depositado no Instituto Moreira Salles (IMS).

A lexicografia, por sua vez, empenha-se em organizar e esclarecer significados de termos da música, incluindo também informações biográficas sobre músicos, compositores e intérpretes em obras geralmente denominadas *dicionários* ou *enciclopédias*. A obra brasileira mais completa desse gênero é a *Enciclopédia da música brasileira* (1977, reimpressa em 1999 e 2003), que apresenta informações sobre termos e expressões da música, definições de ritmos, danças e manifestações musicais no Brasil e biografias de compositores, músicos e intérpretes.

Já a estética musical refere-se ao estudo do significado da música nos diferentes períodos históricos, da noção de beleza e de excelência nas obras, do papel social da música, do impacto do meio no desenvolvimento musical e de outras questões ligadas às relações entre essa arte e o homem. Para Castagna (2008), abordagens estéticas da música foram realizadas por pensadores desde a Grécia Antiga até períodos mais recentes, mas foi com a denominada *doutrina dos afetos* que os estetas iniciaram reflexões mais profundas, a partir do século XVII. Interpretações emotivas e programáticas foram comuns no século XIX, porém a teoria de Eduard Hanslick (1989) sobre a música como "forma sonora em movimento" motivou o surgimento de uma abordagem formalista, seguida por Combarieu, Stravinski, Langer e outros. Afinal, Hanslick interessava-se pela análise da sintaxe das obras musicais explicitando o sentido formal de uma estrutura musical e suas relações internas.

Como afirmam Vanda Freire e André Cavazotti no livro *Música e pesquisa: novas abordagens* (2007), a perspectiva fenomenológica da pesquisa em música focaliza os seguintes métodos: observação, comparação, experimentação, questionários, entrevistas e análise musical. Para os autores, a abordagem da fenomenologia abrange diversas subáreas, como a educação musical, a interpretação musical, a filosofia da música e a musicologia:

> Pesquisas que indagam sobre a origem da obra musical, sobre a constituição da forma na música, sobre o papel do ouvinte (seja ele compositor, intérprete ou público), sobre o papel do intérprete na construção da forma, sobre alternativas interpretativas diante de uma obra musical, entre muitas outras, podem achar interessantes possibilidades de estudo ao aplicarem a ótica fenomenológica. (Freire; Cavazotti, 2007, p. 98)

Para Maura Penna (2017), no debate sobre conhecimento, ciência e pesquisa em música, diferentes pressupostos demandam métodos específicos. A autora destaca que, para uma visão de conjunto, a pesquisa quantitativa, com tratamento estatístico de dados, pode ser mais adequada, mas, se o objetivo for uma análise mais aprofundada de um objeto de estudo, é possível que um estudo de caso funcione melhor, configurando-se uma pesquisa qualitativa.

Nesse sentido, para a autora, as pesquisas quantitativas fornecem uma visão de conjunto, e o *survey*, isto é, o levantamento e o tratamento de dados, pode ser utilizado, por exemplo, na compreensão do perfil dos professores de música que atuam em uma dada rede de ensino. Por outro lado, o estudo de caso é bastante indicado para conhecer em profundidade uma realidade específica, como a prática pedagógica de uma professora ou de uma escola.

O estudo de caso e a pesquisa bibliográfica são os métodos mais indicados para os trabalhos de pesquisa na graduação, porque visam à descoberta e à contextualização de temas e objetos de pesquisa, abordagens interessantes para o pesquisador iniciante que ainda precisa conhecer e compreender melhor determinados conceitos, distinguir e coletar fontes, referências e informações. Considerado um método qualitativo, o estudo de caso concentra-se em uma situação, objeto ou fenômeno particular, constituindo-se em uma excelente forma de análise prática e detalhada. Além disso, pode contar com fontes distintas de dados, como documentos, entrevistas, filmes e partituras. Desse modo, pode haver uma apropriação das pesquisas históricas e a utilização de técnicas para investigar documentos e realizar entrevistas na busca por uma melhor compreensão sobre o tema e o objeto de pesquisa, de maneira a permitir uma análise de fenômenos contemporâneos em seu contexto cultural.

Por seu turno, as técnicas de pesquisa são procedimentos operacionais que servem para a prática da pesquisa, sendo possível utilizar a documentação (livros, partituras, discos, filmes, entre outros) ou questionários e entrevistas para a coleta de informações, com o objetivo de conhecer melhor a vida e a obra de compositores, músicos e intérpretes, por exemplo.

Sobre a técnica da entrevista para a coleta de dados e informações, cabe observar que existe uma série de exigências e de cuidados importantes para sua prática, que abordaremos no Capítulo 4. Em primeiro lugar, é necessário considerar, apesar de ser senso comum, que se deve ter um respeito muito grande pelo entrevistado. Esse respeito envolve a atenção ao local e horário marcados de acordo com a conveniência do entrevistado, uma boa pesquisa e uma boa pauta com as perguntas para o encontro, a cordialidade na conversa e a solicitação de permissão para o registro em áudio ou vídeo.

Uma pesquisa interessante em que se utilizou a entrevista para um estudo de caso é a realizada por Regiane Gaúna (2002) sobre o compositor, arranjador, instrumentista e maestro Rogério Duprat. Além da análise de várias obras musicais do compositor, a pesquisadora examinou seus escritos – diários, artigos, textos e partituras –, ampliando o entendimento de sua produção musical. Para esse fim, fez inúmeras entrevistas com Duprat e teve acesso direto a seu acervo particular, produzindo uma rica catalogação de sua obra.

Outra modalidade de pesquisa é a pesquisa bibliográfica, elaborada com base em materiais já publicados, incluindo documentos impressos, como livros, revistas, jornais, teses, dissertações e anais de eventos científicos, além de outros tipos de fonte, como discos, partituras, documentários e materiais disponibilizados na internet. Praticamente toda pesquisa acadêmica requer a pesquisa bibliográfica, uma vez que a revisão bibliográfica serve para apresentar a fundamentação teórica do trabalho, bem como expor a justificativa de uma nova pesquisa de mesmo tema. Segundo Gil (2018), a principal vantagem da pesquisa bibliográfica é o fato de permitir que o investigador cubra uma gama de fenômenos muito mais ampla do que aquela que poderia pesquisar diretamente.

Outra abordagem utilizada nas ciências humanas e sociais é a pesquisa-ação, que envolve sempre uma ação sistematizada e desenvolvida pelo próprio pesquisador, trazendo uma intervenção. Segundo Michel Thiollent (2009), a pesquisa-ação é um tipo de investigação social com base empírica que é concebida e realizada em estreita associação com uma ação ou com a resolução de um problema coletivo em que os pesquisadores e os participantes representativos da situação estão envolvidos de modo cooperativo ou participativo. Na área de educação, um exemplo clássico é a situação em que o professor aplica uma nova prática de ensino e aprendizagem e desenvolve paralelamente um processo de pesquisa, entrelaçando a docência à pesquisa de dados e à discussão da teoria (André, 2010).

Apesar de a pesquisa-ação ter características de um desdobramento histórico da pesquisa sociológica, como uma metodologia experimental para a ação, suas várias vertentes questionam suas bases epistemológicas tradicionais ampliando as possibilidades da interação entre pesquisador e participantes da pesquisa, de modo a gerar novas colaborações e reflexões para o campo da pesquisa em educação musical, por exemplo.

Entretanto, Penna (2017) alerta que a pesquisa-ação concebe uma intervenção que exige do pesquisador experiência e maturidade acadêmica e científica para analisar criticamente a própria prática. À vista disso, torna-se mais difícil para estudantes de graduação, mesmo diante de suas experiências com os estágios nos cursos de licenciaturas.

2.4 Objetivos da pesquisa em música

Há muitas razões que determinam a realização de uma pesquisa em música, como as de ordem intelectual e as de ordem prática. Aquelas decorrem do desejo de conhecer pela própria vontade de conhecer, enquanto estas decorrem do desejo de conhecer a fim de aprimorar e de tornar mais eficiente uma prática.

Da mesma forma, considerando-se as conexões entre o conhecimento técnico-profissional e os demais campos do saber em música, a pesquisa científica, teórica ou aplicada, nasce da seleção de um assunto que interessa ao pesquisador. Pesquisar aquilo que se conhece e gosta dá segurança e motivação, transformando a pesquisa na graduação em uma oportunidade ímpar para a formação do aluno.

A iniciação à pesquisa em música almeja incentivar novos trabalhos ao formar pesquisadores desde a graduação até a pós-graduação, estimulando a participação em eventos científicos e ampliando a formação de leitores de publicações especializadas. Além disso, a pesquisa também qualifica, promove e divulga a produção artística e intelectual na área, em estreita relação com o mundo do trabalho. Nesse contexto, a pesquisa em música no Brasil permite a identificação e a análise dos principais temas de interesse para o debate sobre essa arte no país, valorizando a profissão e contribuindo para o desenvolvimento acadêmico da música, na condição de área de pesquisa e criação científica e artística.

A história da música e suas transformações; o cenário sonoro do mundo – para usar um conceito de Murray Schafer (2011) –; os eventos musicais; as canções populares; a circulação da música nas mídias; a música como integrante da linguagem audiovisual; e o sentido musical e sua expansão técnica e tecnológica, cultural e política inspiram temas e objetos de estudo. Nesse sentido, são muitos os objetivos possíveis da pesquisa em música: compreender o papel da música em uma cultura e em uma sociedade; verificar os novos modos de entretenimento e as funções da música para um país, um povo ou um indivíduo; investigar as possibilidades da linguagem, da composição e da *performance* musical; analisar os processos de comunicação e expressão pela música em sua interpretação, sua improvisação e sua composição; estudar o lugar da música nas novas práticas pedagógicas de ensino e aprendizagem; ponderar sobre o papel social da educação musical e da crítica musical; analisar os modos de apreciação e escuta da música, ampliando as reflexões sobre as convenções e inovações da música.

Esses são apenas alguns dos desafios em torno do campo da música que demandam um estudo aprofundado e rigoroso para se buscar compreender, ainda, a importância da música popular, as inovações da música erudita, as relações entre música e linguagem, o papel da música nas sociedades, as transformações da música na história e sua relação com outras artes e mídias, os diferentes pensamentos sobre teoria da música na filosofia, o fenômeno interdisciplinar dos estudos sobre música e a inquietação diante da vontade de desfolhar os múltiplos sentidos da música.

Ademais, também se pode destacar o desenvolvimento de competências no processo de formação do aluno, de modo a conseguir articular os diversos repertórios musicais, seus aspectos históricos, seus usos e funções, dialogar com manifestações musicais de diferentes contextos e utilizar códigos e sistemas teórico-musicais para a compreensão dos diferentes níveis do discurso musical, ao integrar conhecimentos teóricos a práticas musicais em perspectivas inter e transdisciplinares, o que valoriza a interação de diferentes campos de conhecimento. Além disso, a pesquisa científica objetiva uma sistematização do conhecimento em música, marcada por sua valorização, sua difusão e sua inovação. Afinal, no domínio musical e artístico, não existem verdades absolutas. Isso desperta fascínio e encantamento, engajamento e discussão em várias frentes de significado e maneiras de ouvir, criar, divulgar e compreender a música.

2.5 Teorias de apoio à pesquisa em música

Teoria musical, ou *teoria da música*, é o nome dado a qualquer sistema utilizado para analisar, classificar, compor e compreender a música. Não existe uma teoria da música unificada que cubra todos os seus aspectos e seja universalmente aceita. Existem, em contrapartida, muitas teorias cuja extensão e diversidade são amplas e impulsionam diferentes conceitos e paradigmas estéticos, desdobrando-se em perspectivas e linhas de pesquisa.

A teoria musical revitalizou-se com a prática da análise musical, e tanto esta quanto aquela têm relação com a compreensão, as implicações criativas e a recepção do fenômeno musical. A teoria cria ferramentas de análise e volta-se para o estudo minucioso e detalhado dos materiais, técnicas e procedimentos composicionais em seus diversos contextos históricos. Já a análise aborda a constituição e a inter-relação dos elementos formativos da música, que pode, ainda, ser estudada como resultado de processos históricos, de modo que a própria concepção analítica se torna objeto de investigação.

A construção teórica e estética da história da música apresenta uma grande diversidade de ideias e discussões que agregam conceitos, estudos e pesquisas da filosofia, da sociologia, da educação, da política, da literatura e de outras artes, além de questões mais específicas como a prática instrumental e a estilística. Desse modo, a teoria musical está sempre em expansão ao agregar diferentes instrumentais de análise de diversas áreas do conhecimento. No entanto, no século XVIII, desenvolveu-se um pensamento estético em torno da teoria musical que se dirigia essencialmente a questões de significado e interpretação da música, com estudos fundamentais sobre harmonia e contraponto, despontando a pesquisa da estética musical.

Segundo Tomás (2002), nos séculos XIX e XX, nasceu a musicologia, área de estudos dedicada aos assuntos musicais que não se referem propriamente à composição e à execução musical, debruçando-se sobre investigações históricas para a análise da música como objeto de pesquisa. Com isso, houve um rápido desdobramento de pesquisas sociológicas, que ganharam destaque em novas perspectivas da teoria e da análise estética da música, abrindo o caminho para a interdisciplinaridade da pesquisa e ampliando a migração de conceitos e paradigmas teóricos.

A teoria musical em sua vertente moderna parte dos modelos provenientes dos séculos XVIII e XIX, mas expande-se como um campo de reflexão e pesquisa com novos instrumentais de análise advindos de várias áreas do conhecimento. Assim, diante da diversidade de abordagens atuais para a pesquisa em música, não é possível avançar no debate sem retomar as contribuições de autores canônicos da filosofia ou da musicologia, como Theodor Adorno ou Mário de Andrade, pois o referencial teórico é a base sobre a qual a pesquisa se constrói. Esses autores, seus conceitos e suas teorias servem de ponto de partida para a análise e a discussão dos dados da pesquisa.

Além disso, é preciso sempre ter em mente que todo conceito ou teoria tem uma história, que precisa ser conhecida para que se possa fazer avanços no debate sobre música, evitando-se modismos e protegendo-se do engano de grandes descobertas ou classificações vazias que em nada contribuem para o campo de estudo.

Todavia, o redimensionamento dos estudos sobre música por meio do diálogo com diferentes áreas do conhecimento amplia os debates sobre o pensamento musical com o uso de diferentes metodologias, entrelaçando-se referenciais teóricos e históricos com novos paradigmas de análise. Com uma variedade de recortes temáticos e aportes teóricos, a pesquisa em música é um campo em que há muito a se discutir, debater e investigar, tornando-se um rico caminho para a iniciação na pesquisa acadêmica.

Em suma, quando se trata de música, a pesquisa é necessariamente vinculada à estética, que permite a construção do conhecimento científico, ou seja, da discussão racional, sistemática e verificável de um tema. A produção intelectual nessa área demanda a leitura e a compreensão de obras, contextos, autores e diferentes manifestações musicais. Essa prática textual e científica compartilha informações com as práticas sonoras, por um lado, contribuindo para sua sedimentação e manutenção e, por outro, interagindo com as constantes transformações que promovem a continuidade nas renovações artísticas. A musicologia contemporânea apresenta como debate principal a questão do significado da música, buscando analisar a estrutura interna de uma obra ou o contexto sócio-histórico-cultural em que o enunciado musical se apresenta.

▷▷ Resumo da ópera

A pergunta inicial de uma pesquisa serve para definir o trabalho que será executado, pois, com base no que se quer saber, selecionam-se o método e as referências teóricas. Assim, a delimitação do objeto de pesquisa, isto é, seu tema, direciona todo o projeto de pesquisa. Um bom tema é aquele que, ao mesmo tempo, desperta interesse pessoal e tem relevância atual para o campo do saber.

Os métodos de pesquisa têm diferentes abordagens, que podem ser qualitativas (análise de conteúdo, pesquisas descritivas e analíticas) ou quantitativas (análises de estatísticas, experiências e amostragens, tabulação de questionários).

A pesquisa científica pode ser classificada, quanto a seus objetivos, em exploratória, descritiva ou explicativa, ou, quanto a seus procedimentos, em experimental, bibliográfica, documental, etnográfica, estudo de caso etc.

Quadro A – Principais tipos de pesquisa

Quanto à abordagem	◆ Pesquisa qualitativa ◆ Pesquisa quantitativa
Quanto aos objetivos	◆ Pesquisa exploratória ◆ Pesquisa descritiva ◆ Pesquisa explicativa
Quanto aos procedimentos	◆ Pesquisa experimental ◆ Pesquisa bibliográfica ◆ Pesquisa documental ◆ Pesquisa etnográfica ◆ Pesquisa com *survey* ◆ Estudo de caso ◆ Pesquisa participante ◆ Pesquisa-ação

Teste de som

1. Indique se as afirmativas a seguir são verdadeiras (V) ou falsas (F) e, depois, assinale a opção que apresenta a sequência correta:
   ( ) A pesquisa em música concentra-se no estudo dos vários componentes articulados no processo artístico, podendo investigar autores e artistas, isto é, compositores, músicos e intérpretes; os produtos artísticos, que são os trabalhos resultantes de um fazer e de um pensar que sintetizam modos e conhecimentos musicais; e os meios e processos de divulgação da música, sua recepção e seu público.
   ( ) A pesquisa científica em música propicia o desenvolvimento, a divulgação e a apreciação da criação e da execução musical, formando profissionais com amplo conhecimento sobre teoria, prática, pedagogia, desdobramentos interdisciplinares e seu mercado de trabalho.
   ( ) A pesquisa em música nos cursos de graduação, nas habilitações de bacharelado e licenciatura, permite a articulação do conhecimento sobre música com conceitos da cultura, das artes e das ciências humanas e sociais, com conteúdos específicos, abrangendo, ainda, a teoria e a prática do conhecimento instrumental, composicional, histórico e estético.
   ( ) A ênfase na formação científica na área de música estimula novas pesquisas e promove a divulgação de conhecimentos e técnicas, incentivando a inovação e a criação cultural e artística.

a) V, V, F, V.
b) V, F, V, F.
c) V, V, V, V.
d) F, V, F, F.
e) V, V, V, F.

2. Assinale a alternativa que melhor descreve os métodos qualitativos:
   a) Os métodos qualitativos definem-se pelo uso da quantificação objetiva nas modalidades de coleta de dados e informações, bem como no tratamento deles por meio de técnicas estatísticas.
   b) Os métodos qualitativos utilizam tabelas e gráficos para sistematizar os dados coletados na pesquisa, exigindo bom conhecimento de matemática e *design*.
   c) Os métodos qualitativos objetivam um enfoque estatístico para evitar a subjetividade na interpretação dos dados coletados na pesquisa.
   d) Os métodos qualitativos buscam explicar o porquê das coisas e consideram que os dados analisados não são apenas métricos e precisam ser discutidos sob diferentes abordagens teóricas, valorizando o contexto do tema e do objeto pesquisado.
   e) Os métodos qualitativos valorizam a análise objetiva de dados coletados mediante o uso de recursos da matemática e da estatística.

3. Indique se as afirmativas a seguir são verdadeiras(V) ou falsas(F) e, depois, assinale a opção que apresenta a sequência correta:
( ) A pesquisa bibliográfica é feita por meio de um levantamento de informações e conhecimentos sobre um tema com base em diversos materiais bibliográficos já publicados, colocando em diálogo diferentes autores, conceitos, informações e dados.
( ) A pesquisa documental compreende o levantamento e a análise de materiais que ainda não receberam tratamento analítico, como documentos oficiais, cartas, filmes, reportagens e críticas de jornais, fotografias, gravações sonoras e musicais. Esse tipo de pesquisa investiga arquivos públicos e privados, coleções e acervos particulares.
( ) O estudo de caso é uma pesquisa aprofundada sobre um fenômeno em seu próprio contexto. Pode ser usado em pesquisas exploratórias, descritivas e explicativas. É um dos métodos mais utilizados em pesquisas de iniciação científica e trabalhos de conclusão de curso (TCCs) na área de música.
( ) A pesquisa experimental envolve a observação de experimentos controlados, com verificação de alterações de variáveis, instrumentos de coleta de dados certificados por testes e análise estatística de seus resultados. Pode ser uma pesquisa de campo ou de laboratório.
a) V, V, F, V.
b) V, F, V, F.
c) V, V, V, V.
d) F, V, F, F.
e) V, V, V, F.

4. Assinale a alternativa que melhor descreve o estudo de caso:
   a) O estudo de caso debruça-se sobre documentos oficiais, arquivos e catálogos.
   b) O estudo de caso é realizado em livros, artigos, dissertações de mestrado e teses de doutorado. Ele é base para qualquer outro tipo de pesquisa e pode esgotar-se em si mesmo.
   c) O estudo de caso é considerado um método quantitativo e é realizado com um enfoque estatístico e objetivo para evitar a subjetividade na interpretação dos dados coletados para a pesquisa.
   d) O estudo de caso é considerado um método quantitativo e concentra-se na investigação social com base empírica que é concebida e realizada a partir de uma ação ou problema coletivo no qual os pesquisadores estão envolvidos de modo participativo e colaborativo.
   e) O estudo de caso é considerado um método qualitativo e concentra-se em uma situação, objeto ou fenômeno particular, constituindo-se em uma excelente forma de análise prática e detalhada. Pode contar com fontes distintas de dados, como documentos, entrevistas, filmes e partituras.

5. Assinale a alternativa correta:
   a) Na graduação, a pesquisa sobre música é feita apenas nos programas de iniciação científica.
   b) Na graduação, a pesquisa sobre música é feita apenas nos trabalhos de conclusão de curso (TCCs).
   c) Na graduação, a pesquisa em música pode ser desenvolvida principalmente na iniciação científica e no trabalho de conclusão de curso (TCC).

d) Na graduação, não se faz pesquisa em música.

e) Na graduação, a pesquisa em música pode ser feita apenas com base nos estudos sobre educação musical.

Treinando o repertório

Pensando na letra

1. Por que o conhecimento científico em música depende de investigação metódica?

2. Depois de todas as considerações sobre metodologia de pesquisa em música apresentadas neste capítulo, faça uma esquematização das fases essenciais para que um trabalho sobre música possa ser considerado uma pesquisa.

Som na caixa

1. Sua tarefa principal ao final da leitura deste capítulo é começar a buscar fontes bibliográficas sobre o tema e o problema de sua pesquisa, iniciando o estudo, as primeiras leituras e o levantamento da bibliografia principal para seu projeto.

Capítulo 3
CONCEITOS IMPORTANTES DA PESQUISA EM MÚSICA

Este capítulo focaliza as implicações das teorias de Jean Piaget (1896-1980) para a educação musical e para a pesquisa em música, abordando alguns conceitos importantes para a construção e a produção de conhecimento. Destaca ainda a importância da escolha dos temas e objetos de pesquisa e a valorização da experiência musical na investigação científica.

3.1 Escolha do objeto de pesquisa em música

O tema da pesquisa é a primeira escolha para a produção de um projeto científico. Ele tem um caráter amplo e indica a área de interesse do pesquisador. Pode ser fruto de um gosto pessoal, de sua curiosidade, de uma leitura, de um filme, de um disco, de uma *performance* ou de uma canção. Enfim, o tema nasce de múltiplos interesses e diante de um repertório atento aos desdobramentos da música na história e na sociedade.

Já o objeto da pesquisa é a delimitação desse tema ou assunto geral da pesquisa. Trata-se de um recorte temático baseado na escolha de algum aspecto ou particularidade que evoca um problema ou questão que merece maior aprofundamento e investigação científica. Em síntese, o tema é geral, e o objeto, particular.

Segundo Pedro Demo (2013), a escolha de um objeto de pesquisa, bem como de sua realização, é um ato político. Nesse sentido, a escolha de um tema e de um problema ocorre com base na experiência teórica e prática do pesquisador, considerando-se sua curiosidade, sua ideologia, sua ética, sua percepção e sua sensibilidade. No entanto, é preciso ter cuidado para não recorrer a valores morais ou a qualquer juízo de gosto pessoal na delimitação do tema e na elaboração do problema ou da questão proposta para a pesquisa. Afinal, como bem definiu Carmen Lucia José (2002), o juízo de gosto muitas vezes não é pessoal e pode carregar preconceitos, alienação e regras de consumo da indústria cultural. Diante disso, vale lembrar as palavras da radialista e pesquisadora:

> a discussão sobre o gosto deve ocupar vários dos espaços culturais e educacionais da sociedade brasileira, discussão essa viabilizada pelas diversas noções de estética e pelas várias correntes teóricas de comunicação e informação, tanto do ponto de vista diacrônico como sincrônico. Só assim será possível desmontar a superficialidade do argumento "Eu gosto e gosto não se discute", pois, atrás dessa posição, existe a crença da decisão pessoal confirmada. Essa crença não se fundamenta no conhecimento e sim no impacto e na impressão que o fato cultural provoca, alimentando a posição ideologicamente conveniente à ordem sistêmica atual de que as relações sociais e a posição ocupada no organograma do sistema são mero produto do modo como individualmente tomam-se decisões, apoiado exclusivamente na ideia de sorte, esperteza, destino etc... Afinal, o gosto é produto da composição do repertório e esse também é reflexo do modo como cada segmento social participa da organização do modo de produção capitalista. (José, 2002, p. 131)

De fato, é preciso levar em conta que o objeto da pesquisa em música deve ser construído com base no interesse por temas musicais que podem ser pesquisados empírica ou teoricamente. Assim, os objetos da pesquisa podem abranger o estudo dos vários componentes que se articulam no desenvolvimento da criação artística, de autores, produtos e processos do fazer musical. É possível, portanto, investigar compositores, letristas, instrumentistas, cantores e intérpretes, pessoas situadas em um contexto sociocultural e criadoras de obras artísticas por meio de sua sensibilidade, de sua técnica e de seu entendimento da música. Também é oportuno analisar os produtos artísticos, ou seja, os trabalhos resultantes de um fazer e de um pensar que sintetizam modos e conhecimentos artísticos, e os meios e processos de criação, produção e divulgação da música, além de sua recepção e de seu público.

Nesse sentido, é relevante elaborar projetos de pesquisa sobre o estudo de instrumentos e suas técnicas, métodos pedagógicos e livros didáticos, tratados teóricos e filosóficos, partituras, canções, registros de *performances* musicais em áudio e vídeo, filmes, música em programas de rádio e TV, *podcasts*, videoclipes etc. Ademais, é possível investigar registros históricos dos mais variados tipos, fontes literárias (críticas musicais, cartas e diários), acervos e coleções de discos etc.

Ainda, cabe destacar que estudar música é um direito de todos, por isso são objetos de pesquisa métodos, experiências e pedagogias do ensino musical, bem como políticas e legislações da educação e políticas públicas para a cultura. A música também pode ser estudada como cultura, linguagem e discurso em suas relações com outras artes, mídias e novas tecnologias, o que determina, como afirmamos no capítulo anterior, o estudo de conceitos da cultura, das artes e das ciências humanas e sociais, contemplando-se uma ligação entre a teoria e a prática do conhecimento instrumental e composicional, além de vários aportes históricos, filosóficos e estéticos.

A única exigência primordial para a escolha do objeto de pesquisa é que o recorte temático seja sobre música em suas mais diversas expressões. Afinal, novas pesquisas em música devem produzir conhecimento técnico, histórico e estético, incentivando a inovação e a criatividade musical.

3.2 Fazer e compreender

O processo de ensino-aprendizagem tradicionalmente se baseia na avaliação do que o aluno aprendeu. Todavia, obter bons resultados em uma avaliação não significa necessariamente que um aluno tenha compreendido o conteúdo. Nesse sentido, uma das teorias mais importantes da educação, a chamada *teoria construtivista*, proposta no século XX, com a colaboração inconteste de Jean Piaget, colocou em destaque a diferença entre o fazer e o compreender o que se fez.

Na perspectiva construtivista, a construção do conhecimento é um processo ativo, não é cópia da realidade, e sim uma representação desta por nós construída. Assim, podemos afirmar que o construtivismo tem como fundamento filosófico a noção de que construímos nossa realidade com base nas experiências que adquirimos no mundo.

Piaget é um autor bastante estudado nos cursos de licenciatura em todas as áreas de conhecimento, particularmente em virtude de sua pesquisa sobre o desenvolvimento humano e a aprendizagem, sendo um pioneiro no estudo da inteligência infantil, com um trabalho bastante relevante para a psicologia e para a pedagogia. De maneira geral, em sua epistemologia genética (estudo da origem da construção do conhecimento), o autor desenvolve uma visão construtivista e interacionista segundo a qual o conhecimento é uma construção, não uma reprodução ou memorização de conceitos e conteúdos, que se desenvolve por meio das estruturas cognitivas do ser humano da infância até a adolescência.

Além dos famosos estágios do desenvolvimento cognitivo, Piaget (1978) também demonstrou que o fazer é uma forma de compreender em ação uma dada situação em grau suficiente para atingir os fins propostos. Já compreender é, de fato, dominar no pensamento as situações do fazer, resolvendo problemas, construindo relações e ligações. Para o estudioso, é necessária uma "compreensão conceitualizada" de teorias e pensamentos, bem como uma interação com objetos, com a realidade do ambiente social e com pessoas para uma melhor construção do conhecimento.

Em conformidade com as concepções de Piaget, pode-se valorizar o exercício da prática para o ensino e a aprendizagem da música, além de seu amadurecimento em técnica e estilo. No entanto, é preciso levar em conta que esse fazer não deve estar desvinculado do compreender, tendo em vista o saber musical.

Nesse sentido, a contribuição de Piaget para a área da educação consiste na investigação sobre como o ser humano constrói de maneira ativa seu conhecimento por meio do desenvolvimento intelectual. Isso influenciou novos debates e discussões sobre o processo de ensino e aprendizagem, não somente para a educação infantil, até os dias atuais. Segundo Nelson Piletti e Solange Rossato (2012), os estudos de Piaget ganharam forte espaço no Brasil a partir dos anos 1980, fundamentando estudos teóricos e práticos sobre o desenvolvimento humano e a aprendizagem e subsidiando o novo ensino centrado no aluno. Mais recentemente, seus conceitos influenciaram também os novos paradigmas das chamadas *metodologias ativas*, que podem ser empregadas desde a educação básica até o ensino superior, passando pela educação musical, como mapeou Dayane Battisti em seu livro *Novas pedagogias musicais* (2020).

Vale lembrar que Piaget não elaborou teorias específicas sobre ensino e aprendizagem, mas uma teoria sobre as fases do desenvolvimento mental do ser humano e, assim, ofereceu um estudo precioso sobre a construção do conhecimento pelos indivíduos. Dessa maneira, suas ideias inspiraram inúmeras teorias e práticas educativas, principalmente com a visão da sala de aula como um espaço de experimentação em vez de transmissão passiva de conteúdos, compreendendo-se as atividades de ensinar e aprender como ativas, dinâmicas e desafiadoras.

De fato, o construtivismo influenciou bastante as escolas de música e suas práticas. A educação musical, principalmente voltada à infância, utilizou a psicopedagogia para pensar métodos e técnicas de ensino e aprendizagem, sendo marcada pelas ideias de Piaget. No Brasil, Esther Beyer (1988) foi pioneira no estudo da influência de Piaget na educação musical ao relacionar o desenvolvimento musical de crianças com as propostas do autor a respeito dos estágios de desenvolvimento mental.

O educador musical francês François Delalande (2013) também relaciona as ideias de Piaget com as fases de desenvolvimento do aprendizado musical, da exploração sonora à criação e à *performance* musical, apostando em atividades lúdicas voltadas ao desenvolvimento da criança, a seus aspectos cognitivos e afetivos e a sua interação social.

Tendo em vista a visão de Piaget, podemos afirmar que, no processo de aprendizagem, é preciso valorizar a compreensão do conteúdo a fim de buscar uma construção do conhecimento, conferindo-lhe um sentido. Dessa maneira, também podemos pensar que, para a construção de um projeto de pesquisa em música, se exige de seu autor uma postura ativa, protagonista de suas escolhas, na interação com seu objeto de pesquisa, suas referências, seus objetivos e seus métodos. Essa postura ativa promove um fazer com a compreensão conceitualizada de teorias e pensamentos, como discutiremos mais adiante, avançando no debate sobre a importância da metodologia científica para a construção do conhecimento baseada na pesquisa.

3.3 Real, possível e necessário

A aquisição de saber expressa-se como construção de conhecimento. Aprender é uma prática social que pressupõe a leitura e a escrita, a percepção e o entendimento. Para a construção do conhecimento, a música também desempenha um papel importante no desenvolvimento cognitivo do ser humano.

Segundo Márcia Regina Mocelin e Wilson da Silva (2020), os estudos de Jean Piaget também cercaram a discussão sobre o possível e o necessário na construção do conhecimento. Para os autores, a evolução do que é possível na criança mostra que, no início, há uma diferenciação entre o real, o possível e o necessário, de modo que os objetos de conhecimento se apresentam ao sujeito não apenas sendo o que são, mas também como o que devem necessariamente ser.

A herança teórica de Piaget está no debate sobre a construção do conhecimento e da aprendizagem com uma perspectiva que busca compreender a relação sujeito-objeto nesse processo. Uma questão central em seu pensamento diz respeito à gênese do conhecimento centrado na ação do sujeito, em seu desenvolvimento intelectual e cognitivo e em sua interação com outros sujeitos e o mundo.

Como o conhecimento é uma construção, na perspectiva epistemológica piagetiana, o desenvolvimento cognitivo do sujeito precisa ser considerado em projetos educacionais, planejamentos pedagógicos, debates sobre didática e metodologias de ensino e também na pesquisa em música. De fato, Piaget nunca escreveu especificamente sobre como funcionam nosso pensamento e nossa percepção quando aprendemos música, porém suas teorias e seus conceitos sobre os processos mentais que viabilizam a aprendizagem durante a infância foram retomados em inúmeras pesquisas e práticas da educação musical.

Beyer (1988), conforme mencionamos anteriormente, analisou a relação da psicogenética piagetiana com a música, tanto no entendimento da linguagem musical quanto na aprendizagem de um instrumento. Para a autora, a teoria da educação musical deveria pautar-se no fazer musical, opondo-se à ideia de talentos inatos. Em sua pesquisa, Beyer desenvolve uma teoria sobre cognição musical de viés interacionista que valoriza a prática musical em atividades de apreciação e técnica musicais.

Outras pesquisas também discutiram as implicações de Piaget para a educação e a psicologia musical, particularmente investigando a musicalização infantil, o desenvolvimento do pensamento simbólico e a compreensão da relação entre o símbolo e o mundo real na produção de significações. Afinal, as significações da música revelam conhecimentos sistematizados de relevante valor cultural e social.

3.4 Experiência musical e sua prática na pesquisa

Se você já tem alguma questão de pesquisa em mente que se relaciona com sua prática, não se preocupe, existe uma dimensão criativa na pesquisa, que nem sempre é reconhecida, mas carrega diferentes perspectivas de natureza estética e parte de um ponto de vista subjetivo que leva à delimitação temática.

Segundo Vanda Freire no livro *Horizontes da pesquisa em música* (2010a), toda pesquisa reflete a visão de mundo do pesquisador, portanto expressa valores e convicções ideológicas que configuram um olhar reflexivo sobre o objeto estudado. Para a pesquisadora, as bases filosóficas da pesquisa qualitativa ou subjetiva encontram-se na dialética e na fenomenologia, implicadas em diferentes abordagens que valorizam as experiências musicais na prática da pesquisa.

Já para Martha Tupinambá Ulhôa (2014), o grande diferencial entre a formação do músico pelos métodos tradicionais (o aprendizado por imitação e treinamento individual sob a tutoria de um mestre) e a formação do artista na universidade é a pesquisa. Para a professora, a pesquisa em artes na universidade exige uma atuação em um sistema que permita a produção, a troca, a parceria, a discussão e a disseminação do conhecimento produzido. Claro que esse contexto se aprofunda nos estudos de pós-graduação, mas pode ser iniciado na graduação, principalmente com a valorização da produção artística que tenha vínculo temático, conceitual ou metodológico com a pesquisa acadêmica.

A *performance* ou prática musical (instrumental ou vocal) é compreendida como uma das dimensões do fazer musical juntamente com a composição e a apreciação (Swanwick, 2003). Desse modo, a atividade prática em música envolve o fazer musical muito antes de qualquer elaboração teórica ou filosófica. Logo, o professor e pesquisador de música é, antes de tudo, um músico, de maneira que a *performance* é imprescindível para o desenvolvimento de sua compreensão musical e de suas atividades de ensino e pesquisa.

A experiência musical pode proporcionar ao aluno de graduação diferentes abordagens e possibilidades de vivenciar e fazer música como instrumentista (solo ou em conjunto instrumental/vocal), arranjador e compositor, mas também em seus projetos de pesquisa científica. Afinal, a pesquisa é capaz de levar o músico a um trabalho mais apurado, com descobertas teóricas úteis para sua execução instrumental e sua *performance* como intérprete.

Livio Tragtenberg publicou o livro *Música de cena: dramaturgia sonora* (1999) com o objetivo de discutir os elementos teóricos e práticos da música de teatro, cinema e dança. Nele, o compositor avalia a concepção da música de cena, as técnicas de composição, o processo criativo, os enlaces entre canção e personagem e as funções narrativas, performáticas e expressivas do som e da música na encenação teatral. Com base em sua atividade prática de realização na área, destaca ainda a importância dos roteiros, dos ensaios e da elaboração de um mapa de operação de som para a organização da execução sonora em cena. O livro apresenta também alguns exemplos musicais da autoria de Tragtenberg, compilados em CD.

Nessa linha, Chico Saraiva publicou sua pesquisa de mestrado *Violão-canção: diálogos entre o violão solo e a canção popular no Brasil* (2018), estudo que nasceu de sua trajetória artística e sua experiência como professor de violão, práticas que se tornaram ferramentas de pesquisa. Nesse trabalho, Saraiva realizou um mapeamento de entrevistas, com João Bosco, Sérgio Assad, Guinga e outros, para compreender a prática artística ligada ao violão e os processos de criação musical, com conversas sobre aspectos técnicos e pragmáticos da composição com violão, baseando-se no trabalho do etnomusicólogo John Blacking e no debate sobre gesto musical.

Esse é um bom exemplo de pesquisa que considera a vivência profissional com a música, a experiência musical de tocar um instrumento e sua prática como fonte de informação e reflexão para a pesquisa. Para Blacking (2007, p. 202),

> As fontes de informação mais acessíveis sobre a natureza da "música" são encontradas, em primeiro lugar, na variedade de sistemas, estilos ou gêneros musicais que são atualmente realizados no mundo. Segundo, nas gravações históricas de partituras escritas, na iconografia e nas descrições de performances. E, em terceiro lugar, nas diferentes percepções que as pessoas têm da música e da experiência musical, por exemplo, nas diferentes maneiras pelas quais as pessoas produzem sentido dos símbolos "musicais".

Ainda segundo Blacking (2007), a grande contribuição da etnomusicologia para o conhecimento musical é a expansão do saber acerca das possíveis conceituações das músicas e da *performance* musical. As análises críticas das estruturas musicais e de seus significados para atores e analistas, em diferentes contextos sociais e históricos, podem complementar experimentos formais e nos aproximar da compreensão da música.

Outro feito importante de Chico Saraiva foi criar um *site* (Violão-Canção, 2022) em que revela seu processo de pesquisa, com rico material de áudio e vídeo, entrevistas e *performances*. É bastante importante destacar essa opção, pois, com isso, em vez de apenas postar trechos de partitura em seu estudo, o pesquisador amplia a possibilidade de contato de seu leitor com sua análise musical por meio das falas dos entrevistados e de seus exemplos ao violão (acompanhados ou não pela voz).

A relação entre análise e *performance* é discutida por John Rink (2012) e Nicholas Cook (2006), que valorizam a dimensão performática da música na interpretação. Para Cook, a tradicional orientação da musicologia e da teoria musical atrasa a reflexão sobre a música como uma arte da *performance*. A música pode ser compreendida tanto como um processo quanto como um produto, mas é a relação entre os dois que define a ideia de *performance* e seus sentidos. De acordo com o autor,

> a ideia de que a performance é essencialmente reprodução e, consequentemente, uma atividade subordinada, senão redundante, está inserida na nossa própria linguagem. Você pode "simplesmente tocar", mas é estranho falar sobre "simplesmente interpretar (ou executar)" [*just perform*]: a gramática básica da performance é que você interpreta **alguma coisa** [*perform something*], você apresenta uma performance "de" alguma coisa. Em outras palavras, a linguagem nos leva a construir o processo de performance como suplementar ao produto que a ocasiona, ou no qual resulta; é isto que nos leva a falar naturalmente sobre música "e" sua performance, da mesma forma que os teóricos do cinema falam do filme "e" sua música, como se a performance não fosse parte integral da música (e a música do filme). A linguagem, em suma, marginaliza a performance. (Cook, 2006, p. 6, grifo do original)

Rink (2012) amplia as fontes para a pesquisa abordando uma variedade de tópicos e modos de investigação que preocupam os historiadores da *performance*. Para o autor, inúmeras fontes de informação garantem um estudo minucioso, incluindo:

1. instrumentos remanescentes
2. material iconográfico
3. registros históricos dos mais variados tipos (ex. contas domésticas, extratos; postais, contratos, etc.)
4. fontes literárias, tais como: escritos, críticos, cartas e diários
5. tratados práticos e livros de instrução
6. tratados teóricos
7. partituras, incluindo manuscritos, autógrafos e de copistas, impressões originais e subsequentes de primeiras edições, e todas as edições posteriores
8. gravações de áudio e vídeo.

A partir destes materiais, pode-se buscar um conhecimento aprofundado sobre questões de interpretação e estilo em relação aos seguintes aspectos:

1. notação [...]
2. articulação
3. inflexão melódica
4. acentuação
5. tempo e alteração rítmica
6. outros aspectos da técnica, relacionados à estrutura física dos instrumentos e a questões de produção instrumental e vocal
7. ornamentações improvisadas
8. improvisação de maneira geral, incluindo acompanhamento de baixo-contínuo. (Rink, 2012, p. 37-38)

Entre as subáreas da pesquisa em música, a *performance*, a criação e a interpretação musical suscitam diferentes pesquisas que colocam em foco a experiência musical. Esses estudos vêm ganhando cada vez mais espaço no ambiente acadêmico da pesquisa em música e precisam ser rigorosos para que não haja confusão entre os diferentes tipos de textos que se pode elaborar sobre a experiência artística e musical e os textos científicos.

Afinal, o artista ou músico que escreve sobre seu trabalho nem sempre pesquisa, isto é, o músico pode fazer reflexão sobre sua forma de trabalhar, sobre suas inquietações temáticas e formais, sobre métodos de trabalho, sem fazer de fato um estudo sistematizado sobre sua obra. Dessa maneira, uma reflexão poética de um artista ou músico, invariavelmente pessoal e subjetiva, pode ter valor como depoimento sobre o processo criativo, mas não se caracteriza como pesquisa.

3.5 Abstração simples e abstração refletidora

Os papéis da reflexão e da abstração têm um percurso imenso na história da filosofia e, em particular, na teoria do conhecimento ou epistemologia – o domínio da filosofia que aborda a questão da natureza do conhecimento (o que é), de suas fontes (onde procurá-lo) e da validação (como comprová-lo), com diversos pensadores, movimentos, questões e conceitos fundamentais desde Platão e seu mito da caverna.

Em síntese, a abstração sempre foi discutida na filosofia como um processo de formação de ideias e conceitos, um ato mental de separar ou isolar um aspecto da realidade por meio da representação e do pensamento. O conhecimento é, portanto, abstrato.

O filósofo inglês John Locke (1632-1704) acreditava que o ser humano se distingue do animal por sua capacidade de abstração. O essencial da epistemologia de Locke é sua teoria das ideias, segundo a qual as ideias são o conteúdo básico de nossa mente. Para o filósofo, a mente adquire ideias mediante duas principais formas: a sensação e a reflexão. Conforme Patricia Sheridan (2013), o objetivo principal de Locke em sua obra *Ensaio sobre o entendimento humano*, de 1690, era examinar o conteúdo da consciência humana e a origem das ideias, considerando a mente uma tábula rasa. De acordo com essa concepção, o ser humano nasce sem saber nada, mas com potencial para aprender o que quiser. Locke acreditava que o conhecimento era adquirido de modo empírico, isto é, por meio da experiência.

Segundo Mocelin e Silva (2020), no cerne da tomada de consciência está a abstração e foi, mais uma vez, Piaget quem definiu dois tipos de abstração: a empírica e a refletidora. A abstração empírica ocorre em relação a objetos físicos e suas propriedades, como forma, cor ou peso. Já a abstração refletidora se desenvolve por meio das atividades cognitivas do sujeito, como conceituações variadas.

Em suas pesquisas sobre o desenvolvimento mental, Piaget constatou a ocorrência de abstrações reflexionantes ou refletidoras que induzem o pensar e ser consciente. Entretanto, vale lembrar que abstrair consiste em separar e isolar as partes essenciais, a fim de compreender o que define e caracteriza fundamentalmente o objeto em estudo, de modo a captar sua essência.

Para Piaget (1995), a abstração refletidora realiza generalizações construtivas, projeta conceituações, comparações e pensamentos por meio de questões mais complexas. Além disso, o processo de reflexão tem relação direta com a criatividade e com a tomada de consciência, ampliando discussões teóricas e ultrapassando o senso comum. Dessa maneira, é possível constatar que a abstração refletidora auxilia a estruturação do saber com a compreensão conceituada do processo de fazer e compreender, conforme abordamos anteriormente. Essas ideias e conceitos de Piaget são relevantes também para o entendimento relativo aos processos e aos princípios de aprendizagem, podendo ser aplicados ao ensino e à pesquisa em música.

Nesse sentido, as contribuições de Piaget são fundamentais para a formação de educadores, nos enlaces da psicologia do desenvolvimento humano com a educação, e também para a pesquisa em música. Isso porque suas proposições e conceitos têm várias implicações para a percepção musical, para o estudo das capacidades cognitivas e sensoriais, para as pedagogias da educação musical, da musicalização infantil e da cognição musical, ampliando a reflexão e a construção do pensamento e do conhecimento sobre música.

▷▷ Resumo da ópera

Neste capítulo, abordamos algumas influências das teorias de Jean Piaget na educação musical e na pesquisa em música, abordando conceitos como o fazer e o compreender, o real, o possível e o necessário e a abstração refletidora.

O capítulo destacou, ainda, as possibilidades da escolha do objeto de pesquisa em música e a importância da experiência musical nesse processo, visto que o fazer musical pode transformar-se em um projeto de pesquisa sobre *performance*, composição, criação e interpretação musical.

Teste de som

1. Indique se as afirmativas a seguir são verdadeiras(V) ou falsas(F) e, depois, assinale a opção que apresenta a sequência correta:
   ( ) Jean Piaget é um autor bastante estudado nos cursos de licenciatura em todas as áreas de conhecimento, especialmente por conta de sua pesquisa sobre a epistemologia genética, o estudo da origem da construção do conhecimento.
   ( ) Jean Piaget apresentava uma visão construtivista e interacionista segundo a qual o conhecimento é uma construção, não uma reprodução ou memorização de conceitos e conteúdos, que se desenvolve por meio das estruturas cognitivas do ser humano e em sua ação e interação com outros sujeitos e com o mundo.
   ( ) A pesquisadora Esther Beyer relaciona a teoria de Piaget com o desenvolvimento musical de crianças com base na discussão sobre os estágios de seu desenvolvimento mental.
   ( ) A pesquisadora Esther Beyer estuda, com base nos conceitos de Piaget, a percepção e a cognição musical, a fim de melhor compreender os processos de aprendizagem da linguagem e do fazer musical.
   a) V, V, F, V.
   b) V, V, V, V.
   c) V, F, V, F.
   d) F, V, F, F.
   e) V, V, V, F.

2. Indique se as afirmativas a seguir são verdadeiras(V) ou falsas(F) e, depois, assinale a opção que apresenta a sequência correta:
   ( ) A experiência musical pode proporcionar ao aluno de graduação diferentes abordagens e possibilidades de vivenciar e fazer música como cantor, instrumentista, arranjador, compositor, letrista e apreciador, mas não em seus projetos de pesquisa científica.
   ( ) A vivência profissional em música pode suscitar escolhas de temas e questões para a pesquisa na área, considerando-se que a música envolve a criação e a execução de autores, bem como o conhecimento de seus processos poéticos e técnicos.
   ( ) Os textos de um músico acerca de seu trabalho, com uma reflexão sobre sua forma de trabalhar, diferem da pesquisa científica de um músico que precisa transformar suas inquietações temáticas e formais em um estudo sistematizado sobre sua obra.
   ( ) A experiência musical pode ser o ponto de partida para o desenvolvimento de uma pesquisa em música em várias de suas linhas, como composição, sonologia, criação e análise musical e *performance*.
   a) V, V, F, V.
   b) V, F, V, F.
   c) F, V, F, F.
   d) F, V, V, V.
   e) V, F, V, V.

3. Assinale a alternativa correta:
   a) Um diferencial importante entre a formação do músico pelos métodos tradicionais (o aprendizado por imitação e treinamento) e a formação do músico na universidade é a pesquisa.
   b) Não existe diferença entre o músico formado em conservatórios e o músico formado na universidade.
   c) Um diferencial entre a formação do músico com métodos tradicionais e a formação do músico na universidade é que não existe espaço para a experiência musical na universidade.
   d) Na universidade, não existem disciplinas e pesquisas sobre criação e interpretação musical.
   e) A experiência musical não é levada a sério na universidade.

4. Segundo John Rink (2012), existem diversas fontes para a pesquisa em música. Assinale a alternativa **incorreta** sobre essas fontes:
   a) Registros históricos.
   b) Tratados teóricos.
   c) Partituras.
   d) A flora brasileira.
   e) Gravações de áudio e vídeo.

5. Assinale a alternativa **incorreta**:
   a) Pode-se elaborar projetos de pesquisa sobre o estudo de instrumentos e suas técnicas.
   b) Pode-se analisar métodos pedagógicos e livros didáticos sobre o ensino musical.
   c) Pode-se estudar tratados teóricos e filosóficos sobre música.

d) Pode-se estudar a música em filmes, programas de rádio e TV, *podcasts* e videoclipes.

e) Pode-se estudar a biologia celular da música.

Treinando o repertório

Pensando na letra

1. Faça um levantamento sobre os inúmeros possíveis objetos de pesquisa na área de música.

2. Escreva um texto de uma lauda sobre a importância dos conceitos de Jean Piaget para a educação musical e para a pesquisa em música.

Som na caixa

1. Acesse o *site* do músico Chico Saraiva, navegue por seu processo de pesquisa e verifique os áudios e vídeos com entrevistas e *performances*. Escreva uma análise desse conteúdo relacionando-o com a valorização da experiência musical na pesquisa sobre música.

   VIOLÃO-CANÇÃO. Disponível em: <http://www.violao-cancao.com/>. Acesso em: 18 fev. 2022.

Capítulo 4
IMPLICAÇÕES EDUCACIONAIS

Este capítulo se centra no debate sobre a pesquisa em música em sua vertente educacional, apresentando a importância da teoria crítica da Escola de Frankfurt, o pensamento de Adorno sobre a educação e as contribuições da filosofia e do ato de filosofar para a pesquisa em música. Além disso, destaca, nas seções finais, os avanços históricos e teóricos da pesquisa em música no século XX.

4.1 Escola de Frankfurt e pensamento adorniano

Uma das correntes de pensamento do século XX que se dedicaram ao estudo da sociedade, de sua cultura e de sua arte foi a Escola de Frankfurt, que, como informamos no primeiro capítulo, teve como principais representantes autores como Theodor Adorno, Max Horkheimer, Walter Benjamin e Herbert Marcuse. Reunidos no Instituto de Pesquisa Social de Frankfurt, fundado na década de 1920, esses filósofos produziram reflexões que se tornaram conhecidas como *teoria crítica*. Mesmo considerando que cada pensador tem suas especificidades e conceitos, pode-se afirmar que a Escola de Frankfurt foi fortemente influenciada pela teoria marxista e pelas ideias de Sigmund Freud (1856-1939) sobre o psiquismo e a psicanálise.

A teoria crítica da Escola de Frankfurt se opôs à teoria tradicional que se pretendia neutra e compreendia as relações de produção e ordem social como tecnicamente necessárias, legitimando a dominação política vigente. A teoria crítica elegeu a própria sociedade capitalista como objeto de estudo e investigou-a com um método crítico, voltando-se também para a análise da arte e da cultura, da política e da estética.

O maior interesse da Escola de Frankfurt foi a nova sociedade de massa e seu avanço tecnológico de lógica capitalista, que passou a promover o consumo como forma de anestesiar o enfrentamento de problemas sociais e políticos. Segundo Horkheimer (1976), na obra *Eclipse da razão*, de 1946, desde a Idade Moderna, com o Iluminismo, desenvolveu-se uma razão controladora e instrumental que visa à dominação da natureza e do próprio ser humano. Na obra *A dialética do esclarecimento*, de 1947, Adorno e Horkheimer (1997) denunciaram também a deturpação das consciências individuais, a dificuldade de assimilação dos indivíduos ao sistema social e político dominante e o desencantamento do mundo.

Uma das expressões mais importantes da Escola de Frankfurt é *indústria cultural*, empregada em um ensaio de Horkheimer intitulado "Arte e cultura de massa", de 1940. Nele, o autor argumentou que a cultura era criada conforme exigências de um modelo empresarial de produção. No entanto, foi em *A dialética do esclarecimento* que o conceito encontrou seu pleno desenvolvimento. Adorno e Horkheimer escolheram a expressão *indústria cultural* no lugar de *cultura de massa* pois pretendiam eliminar a interpretação habitual segundo a qual uma "cultura das massas" seria um tipo de cultura que nasce espontaneamente das próprias massas.

A indústria cultural designa a maneira como a cultura foi apropriada pelo capitalismo industrial, com a colaboração dos meios de comunicação de massa, e transformada em atividade econômica com fins comerciais a serviço do controle social, que manipula a consciência da população. Resumidamente, a cultura transforma-se em mercadoria, perdendo suas características artísticas, com a finalidade de alienar e controlar os indivíduos por meio das instituições sociais vinculadas à produção e à distribuição de bens simbólicos, como as editoras, as gravadoras, os jornais, as redes de rádio e televisão e, atualmente, a internet.

A indústria cultural permanece até a atualidade com a indústria do divertimento. Sua ideologia são os negócios e seus recursos, os estereótipos, o prazer da violência e do humor e o caráter de mercadoria da arte. Desse modo, a teoria crítica da sociedade, tão cara ao pensamento de Adorno, continua em plena validade até o tempo presente, mesmo com todas as transformações tecnológicas, sociais e políticas por que passou a *história da indústria cultural*, denominação claramente crítica, que ainda define a subordinação da produção e da difusão musical ao capitalismo.

Nesse contexto, a arte, quando perde sua autonomia, não mais se distingue de outras atividades humanas; ela se aliena e se torna alienante, reforçando o *status quo*. Com base nessa análise, é possível notar que a leitura e a discussão dos textos de Adorno merecem atenção no campo de estudo sobre música. Afinal, seu pensamento contribuiu significativamente para a área, entrelaçando-a à filosofia, à sociologia e à análise crítica das artes. Sua obra é incontestepara discutir a música até a contemporaneidade, com suas reflexões sobre o fetiche da mercadoria, a autonomia da arte e a música popular. O conceito de indústria cultural, mesmo décadas depois de sua criação, ainda estimula o pensamento crítico da comunicação e da música e mantém-se bastante atual.

A análise da crise da cultura que Adorno e Horkheimer fizeram também se estende à educação. No primeiro capítulo, apresentamos a importância do pensamento de Adorno sobre a música, mas o filósofo também analisou em detalhes a educação de massa, voltada para o mercado e para a padronização do ensino. Para Adorno, o ensino deve ser planejado de modo a focalizar a emancipação do aluno por meio de uma formação cultural crítica e do conhecimento atento da história.

O livro *Educação e emancipação* (1995) reúne algumas conferências de Adorno sobre a educação e revela suas questões sobre as experiências formativas em seu contexto social e político. O filósofo analisa as armadilhas da tecnologia, da alienação, da indústria cultural e da comercialização e banalização do ensino na sociedade capitalista.

As ideias de Adorno sobre a educação visam à construção de um projeto que liberte o aluno da dominação, da opressão e da massificação. Para isso, ele pensa o ensino como um processo formativo baseado na autonomia, valorizando uma formação humanística que potencializa a consciência crítica. Dessa maneira, o filósofo aposta na formação de um indivíduo culto, com conhecimentos científicos, humanos e artísticos, que o preparem para viver em uma sociedade democrática.

Adorno (1995), no ensaio "A filosofia e os professores", alerta sobre o perigo da formação docente baseada em competências técnicas sem a devida atenção ao que chama de *formação do espírito*, fundamental para a emancipação humana e incompatível com a sociedade mercantilista, a alienação e a intolerância. Não é surpreendente, pois, que o desenvolvimento mercantil da educação descaracterize a formação humana e ainda careça de mudanças que visem romper com a lógica do capital, como já analisou István Mészáros (2008). Contra a lógica da dominação, a educação e a formação cultural precisam resgatar perspectivas emancipatórias em suas práticas de ensino e aprendizagem, e a música na escola pode desenvolver essa transformação democrática.

4.2 Contribuição da filosofia para a pesquisa em música

A filosofia é um tema importante para a formação de educadores não somente no curso de Filosofia, mas em todas as licenciaturas, incluindo o curso de Música. Segundo Elisete Tomazetti (2016), o papel da filosofia para a formação de educadores é compreendido como fundamento da prática educativa. Para a autora, o exercício do pensamento filosófico como diagnóstico do presente torna a educação objeto de problematização que pode oferecer aos futuros professores outros modos de pensar ou interrogar discursos, conceitos e práticas.

A pesquisadora destaca igualmente que o professor tem um papel intelectual relevante e resgata a análise sobre a figura do intelectual de Michel Foucault para discutir como a formação em filosofia voltada a educadores pode potencializar a formação didática de um futuro professor. Para tanto, ela explica como a relação entre filosofia e ensino deve se desenvolver sempre na atuação do professor na escola, na relação professor-aluno e no emprego de metodologias de ensino e aprendizagem:

> O ensino está circunscrito à instituição escolar e à presença do professor, do mestre; há alguém que ensina, o professor; algo a ensinar (matéria, disciplina, conteúdo); e alguém a quem se ensina, o aluno. Problematizar o que ali ocorre, como ocorre, com quem ocorre é, para mim, um exercício filosófico, ou seja, o que poderia chamar de uma Filosofia do Ensino. (Tomazetti, 2016, p. 80)

Desse modo, podemos discutir os limites e as potencialidades do trabalho do professor, considerando a necessidade constante de uma reflexão filosófica sobre o ensino, seus conteúdos, suas metodologias e experiências em sala de aula, que envolvem uma prática intelectual de pensar e repensar a atuação docente.

Nessa discussão, é interessante reforçar o papel do professor como intelectual com base no pensamento de Foucault, que analisa como a figura do intelectual marca uma nova relação entre teoria e prática, em uma transformação da educação diante de novas configurações de poder no tecido social e político de uma sociedade.

Também a disciplina de Filosofia da Educação indica um caminho importante para os futuros professores, na medida em que estudam os grandes pensadores que influenciaram o processo de ensino-aprendizagem, refletindo sobre como a educação foi pensada ao longo da história da filosofia, desde o período clássico até o contemporâneo. Conforme Laíno Schneider no livro *Filosofia da educação* (2013), o educador filósofo é aquele que busca algo a mais, que procura o novo e interage com a história da educação.

A educação sempre foi tema da filosofia, e sua história mostra a formação de concepções, conceitos e parâmetros de diversos pensadores em vários períodos, desde a educação grega até a pós-moderna. A história da educação, portanto, reúne pensadores e concepções educacionais importantes, como Platão e Aristóteles e a educação para a cidadania; Cícero e a educação romana; Santo Agostinho e São Tomás de Aquino e a educação cristã; Lutero e a educação protestante; Comênio e a educação moderna; John Dewey e a educação nova; Anton Makarenko e a educação socialista; e, no contexto brasileiro, educadores como Paulo Freire e Darcy Ribeiro, com suas ideias acerca da educação popular e democrática (Piletti; Piletti, 2018).

Afinal, como pontuaram Claudino Piletti e Nelson Piletti (2018, p. 13),

Ao entrar numa sala de aula em qualquer lugar do mundo, seja no centro de uma grande metrópole ou nos confins da Terra, para exercer a sua função docente, mediante a sempre promissora interação educador-educando, o professor estará carregando consigo a história humana. E quanto mais desenvolvida a sua consciência histórica, maior será a probabilidade de ser bem-sucedido em sua difícil, mas importante, empreitada.

Nesse sentido, é importante ressaltar o diálogo da filosofia com outros saberes e a necessidade de incentivar a atividade filosófica na busca pelo aprofundamento da reflexão crítica sobre a educação e, principalmente, para a formação de professores que precisam aprender a ensinar.

Ademais, o filosofar sobre a educação implica analisar diversas correntes do pensamento filosófico em relação a uma reflexão sobre as práticas de ensino e aprendizagens atuais, sistematizando-se conhecimentos históricos, políticos e pedagógicos, além de discutir filosoficamente e criar conceitos sobre o cotidiano da educação brasileira. Os educadores, portanto, têm a responsabilidade ética e o compromisso pedagógico de refletir filosoficamente sobre o ensino e novas práticas docentes.

Contudo, a filosofia também é importante para o currículo de outros cursos do ensino superior que não contam com a habilitação em licenciatura. Segundo Antônio Joaquim Severino, em seu artigo "A Filosofia na formação universitária" (2010), a filosofia tem papel fundamental no currículo dos diversos cursos universitários, para uma formação humana oposta ao tecnicismo vigente. Para Severino, filosofar é pensar o real, o que é imprescindível na formação de todas as profissões.

Em outro texto, intitulado "A filosofia na formação do jovem e a ressignificação de sua experiência existencial" (2013), Severino argumenta que a formação filosófica, em qualquer estágio escolar, é fundamental e tem muito a ver com o futuro de nossa sociedade e de nossa cultura. Além disso, o autor explica que a aprendizagem é complexa e acompanhada por um processo muito sofisticado denominado *formação*, que é o amadurecimento, o desenvolvimento dos estudantes como pessoas humanas, capazes de dar sentido a sua existência, por meio da subjetividade – como processo de atribuição de sentido –, da inteligência e da consciência ética, estética e social:

> O que vem a ser essa formação? É o amadurecimento, o desenvolvimento dos estudantes como pessoas humanas. Nós nos formamos quando nós nos damos conta do sentido de nossa existência, quando tornamos consciência do que viemos fazer no planeta, do porque [sic] vivemos. É claro que nós não nascemos sabendo disso e nem chegamos aos sete anos, na escola, na estaca zero. Embora as pessoas já venham aprendendo coisas e se formando desde o nascimento, no ambiente familiar e no ambiente social, só nas instituições formais de ensino, tornadas necessárias em decorrência da complexidade das sociedades contemporâneas, essa aprendizagem e essa formação passam a ser trabalhadas de forma intencional e sistemática. O trabalho pedagógico quer dizer isso: pedagogia como prática educativa significa exatamente conduzir a criança, o adolescente, o jovem ou o adulto, quando nos ambientes escolares, no caminho da aprendizagem e da formação. (Severino, 2013, p. 185)

Severino comenta que o verdadeiro processo formativo da educação abrange um esforço para que saibamos nos situar na vida e respeitar o valor central que é a dignidade da pessoa humana, indivíduo e comunidade, em um processo de construção de cidadania. Nesse contexto, o autor conclui que é preciso recorrer à modalidade do conhecimento filosófico, na qual desenvolvemos nossa visão mais abrangente do sentido das coisas e da vida, a significação da existência. Assim, a filosofia não pode ser substituída pela religião ou pela política e constitui-se em um subsídio para a formação humana ao estimular e desenvolver a dimensão reflexiva do pensamento desde a educação básica até o ensino superior.

Afinal, o papel da filosofia não se restringe ao ensino do pensamento de filósofos e de conceitos; consiste, principalmente, na promoção da reflexão filosófica, no ato de filosofar. Assim, trata-se de um papel formador da ética e do desenvolvimento da autonomia intelectual e do pensamento crítico. Isso é feito de maneira teórica e prática por meio do ensino de competências e habilidades como a criatividade, a curiosidade, a capacidade de pensar múltiplas alternativas para a solução de um problema, o saber comunicar-se, pesquisar e buscar conhecimentos, refletir sobre temas e questões. Com isso, a adoção de um pensar filosófico propicia o desenvolvimento de competências discursivas, norteia valores, atitudes e escolhas, como um exercício de autonomia intelectual e de cidadania.

A filosofia, portanto, tem um papel importante para o profissional, para o professor e para o pesquisador da área de música. Como verificamos no primeiro capítulo, a música sempre foi tema de reflexão na história da filosofia, e vários pensadores analisaram sua relevância para as artes, para a educação e para a sociedade, investigando sua linguagem e sua estética.

Dessa forma, a filosofia da música influenciou inúmeros paradigmas e teorias da música, consolidando conceitos fundamentais para sua estética e sua história, levantando questões sobre o belo, a autonomia da arte, a subjetividade, a relação entre música e moral, a educação musical, o juízo de gosto, a função política da música na sociedade, entre outras. Assim, o pensamento filosófico da música é um amplo campo de estudo e pesquisa que aborda inúmeros temas importantes sobre a natureza dessa arte e nossa experiência com ela.

4.3 Conhecimento adequado para a pesquisa em música

Costuma-se dizer que a ciência se dedica à construção do conhecimento sistemático a respeito dos fenômenos do mundo e à resolução de problemas específicos, delimitados, diferentemente da filosofia, que busca alcançar uma visão global e crítica do conhecimento. Para atingir seus objetivos, a ciência, a partir da Idade Moderna, desenvolveu um método, considerado um caminho orientador de qualquer investigação científica.

Com estrutura lógica, o método científico é utilizado em todas as áreas do conhecimento e promove, por meio da pesquisa, a construção do conhecimento. Todavia, a área da música, além de se inserir nesse contexto científico, também se desenvolve no campo da estética e da arte, que valoriza a percepção sensível, a imaginação e a capacidade subjetiva dos indivíduos.

Como sinalizamos no primeiro capítulo, a expressão criativa da sensibilidade e da arte foi tema de inúmeros pensadores ao longo da história da filosofia, desde a Antiguidade até a contemporaneidade. Nesse amplo contexto, a música, assim como a arte, foi discutida como expressão criativa da sensibilidade, como fenômeno político e social, como conteúdo ideológico e/ou educativo, como linguagem, como forma de comunicação e como experiência.

Entretanto, para desenvolver uma pesquisa científica em música, é preciso conhecer o amplo e diverso universo de debates e questões que envolvem essa área do conhecimento, assim como suas abordagens metodológicas. A leitura e a escrita de textos científicos de música exigem conhecimento científico, saber musical e aptidão para o estudo e para a investigação.

Em síntese, podemos afirmar que, para efetivar a pesquisa em música, é preciso delimitar bem o tema e o objeto de estudo; escolher adequadamente os métodos, as abordagens e as teorias; e apostar na reflexão crítica e criativa para a elaboração do projeto de pesquisa. Para isso, é necessário utilizar o conhecimento técnico e conceitual musical, desde fundamentos históricos, teóricos, educativos e estéticos da linguagem musical até as técnicas aplicadas ao estudo de instrumentos, o repertório musical e a análise e crítica da música em suas relações com a cultura, a política, a arte e a sociedade.

4.4 Avanços das pesquisas em música no século XX

A interdisciplinaridade é a marca da pesquisa em música no século XX. Como pontuamos, essa perspectiva metodológica interdisciplinar sempre esteve presente nos estudos e reflexões sobre a música, abrangendo desde seus antecedentes filosóficos até o interesse pela pesquisa em vários cursos e áreas de conhecimento.

No entanto, a pesquisa contemporânea sobre música, em seu avanço como campo de estudo científico, desenvolveu-se com base em novas interfaces entre diferentes campos de conhecimento, ampliando temas, objetos e conceitos.

O contexto da pesquisa em música também é influenciado pelas grandes transformações da história da música no século XX. Segundo Dorotéa Kerr (2012, p. 57),

> Duas grandes revoluções marcaram a passagem do século XIX para o XX. A primeira sucedeu no cerne da própria arte musical, na sua linguagem, por meio da quebra dos modelos tradicionais do fazer e do ouvir. Sem complacência para com o passado e buscando novas saídas para uma arte que deveria sempre estar em evolução, artistas modernistas ou modernos distanciaram-se da arte dos tempos anteriores, principalmente do passado mais próximo – o romantismo –, e passaram a enfatizar a necessidade de uma nova arte. Essa nova arte atendia aos desejos de um novo mundo – o das máquinas, das fábricas, da mecanização, das grandes cidades que surgiam com seus problemas. Além disso, destinava-se a um novo ser – diferente, mais consciente, torturado ou acomodado e que não deveria ser deixado pacificamente sentado fruindo arte. Dependendo da filiação a um dos muitos ideários e movimentos estéticos vigentes na época, "a música" assumiu diferentes funções e aglutinou ideologias incompatíveis.

A cena musical do século XX é bastante diversa em suas expansões eruditas e populares e em suas relações com os meios de comunicação, as tecnologias e os novos rumos das sociedades capitalistas, como bem analisou Adorno.

De acordo com Donald J. Grout e Claude V. Palisca (2007, p. 697),

Os fatores sociais e tecnológicos desempenharam um papel fundamental na evolução da cultura musical do século XX. A rádio, a televisão e a fidelidade das gravações estiveram na origem de um crescimento inédito do público dos diversos gêneros musicais. Estes progressos tecnológicos permitiram uma ampla difusão do repertório clássico, de Vivaldi a Prokofiev, bem como da música «séria» do passado mais remoto e do presente. Estimularam ainda o desenvolvimento de um enorme repertório de música «popular» – utilizamos aqui este termo num sentido muito amplo, incluindo *blues*, *jazz*, *rock* e as suas versões comerciais, bem como a chamada música folclórica, as diversas misturas, mais ou menos diluídas, de elementos da linguagem musical romântica, os mais variados gêneros híbridos, a música publicitária, o fluxo morno e contínuo da *muzak*, e assim sucessivamente.

A música no século XX tem uma história complexa de experiências novas, diferentes correntes, tendências e movimentos, além de compositores vigorosos em técnicas e estilos. Nesse século, disseminaram-se as correntes nacionalistas, os movimentos expressionistas e impressionistas, o sistema dodecafônico ou serialismo, as influências jazzísticas e os novos sons da música concreta e da música eletrônica. Também a música popular ganhou força em suas relações com as mídias e as tecnologias, desenvolvendo sua diversidade de estilos, movimentos e tendências. Não à toa, conforme Luiz Tatit (2004), no Brasil, o século XX é o século da canção, pequenas peças de melodia e letra que valorizam a oralidade como principal marca do universo sonoro brasileiro.

Na mesma medida de complexidade e diversidade, a música no século XX, portanto, inspirou novos desafios também para sua análise e reflexão. Como verificamos no primeiro capítulo, a pesquisa em música no Brasil se desenvolveu no século XX, com a consolidação dos cursos de graduação e pós-graduação em Música, que edificaram o campo de estudo, reconfigurando paradigmas, domínios e perspectivas das várias abordagens metodológicas da pesquisa.

No capítulo "Música e história: desafios da prática interdisciplinar", escrito pelos pesquisadores Ana Cláudia de Assis, Flávio Barbeitas, Jonas Lana e Marcos Edson Cardoso Filho (Assis et al., 2009) para o livro *Pesquisa em música no Brasil: métodos, domínios, perspectivas*, organizado por Rogério Budasz, há um importante mapeamento da história da interdisciplinaridade nos domínios da história da música, percorrendo-se a bibliografia sobre música brasileira (erudita e popular) produzida ao longo do século XX. Segundo os autores, existem duas grandes abordagens musicológicas, uma caracterizada por uma narrativa histórica e a outra, por seu potencial interdisciplinar.

Os estudos musicológicos da primeira abordagem tiveram início por volta dos anos 1920, e alguns de seus traços permanecem até a contemporaneidade. Nessa linha, o objeto musical tende a ser analisado como criação artística dissociada de um contexto mais amplo, enfocando-se gêneros, estilos e compositores. Dessa forma, configura-se uma noção romântica de autonomia da arte, com pesquisas consideradas canônicas, que, apesar de muitas vezes pouco analíticas, são de leitura obrigatória em cursos universitários, como as de Renato Almeida (1926), Luiz Heitor Corrêa de Azevedo (1956), Vasco Mariz (2000), Bruno Kiefer (1982) e José Maria Neves (1981). São obras que têm em comum o pressuposto inabalável da classificação temporal da produção musical brasileira com base na periodização estilística europeia (clássico, barroco, romântico, moderno e contemporâneo).

Ainda segundo os autores, a pesquisa histórica comparada com a musicologia na primeira metade do século XX demonstrou uma transformação historiográfica importante. Abrangendo a literatura, a historiografia musical começou a ser produzida por cientistas sociais, historiadores e, até mesmo, jornalistas (Assis et al., 2009). De fato, Mário de Andrade, considerado um dos primeiros musicólogos brasileiros, trouxe sua contribuição aos estudos da música por meio de seu trabalho literário.

Além disso, o desenvolvimento da prática biográfica sobre músicos e compositores expandiu-se no Brasil com o trabalho de jornalistas que se especializaram na escrita de perfis, entrelaçando técnicas jornalísticas e literárias à pesquisa histórica, a fim de construir narrativas que misturam vida e obra, o que pode ser comprovado por meio das inúmeras publicações do gênero até a atualidade.

Os avanços da pesquisa em música ao longo do século XX condensam a história da pesquisa em música. Por isso, é preciso levar em conta toda a formação do campo de estudo, seus paradigmas, suas subáreas e linhas de pesquisa, percorrendo-se seus aspectos históricos, teóricos e analíticos na construção do saber musical.

4.5 Teoria e desenvolvimento das pesquisas em música

A teoria musical abrange diferentes abordagens, como a pedagogia, os fundamentos estruturais da música e as correntes de análise e pesquisa da música. As teorias não são universais, tampouco estáticas. Elas contam com diferentes perspectivas e desenvolvem-se em variadas linhas de investigação científica.

Como expusemos, os filósofos foram os primeiros teóricos da música e apresentaram inúmeros conceitos, ideias e reflexões sobre essa arte desde a Antiguidade até a pós-modernidade. Vários compositores e músicos igualmente refletiram sobre seus processos criativos, analisaram a música de seus períodos históricos e criaram métodos de ensino e aperfeiçoamento técnico, assim como escreveram tratados acerca da linguagem e da crítica musical.

Os estudos teóricos também apresentam perspectivas interdisciplinares, centrando-se em pesquisas sistemáticas, tecnológicas, cognitivas, com variadas direções metodológicas que investigam o ensino de teoria e análise musical, a recepção e a disseminação de teorias da música no Brasil, discussões metodológicas para novos rumos da pesquisa e interfaces com os campos da sonologia e da semiótica, como se pode notar nos congressos da Associação Nacional de Pesquisa e Pós-Graduação em Música (Anppom) e da Associação Brasileira de Teoria e Análise Musical (TeMA).

Segundo Ilza Nogueira (2012), nas instituições norte-americanas, por exemplo, os estudos musicológicos dividem-se em quatro unidades: História da Música (Ocidental), Etnomusicologia, Musicologia Sistemática e Teoria da Música. A teoria da música é compreendida, principalmente, como o estudo da estrutura da música. Não obstante, com base no estudo de vários autores, a pesquisadora destaca que essa antiga separação das disciplinas de musicologia, teoria e etnomusicologia é insustentável atualmente, em virtude da expansão teórica da grande área da musicologia e dos novos métodos etnográficos, que incorporam multiculturalismo, novas formas de escuta e outras questões além do significado da arte.

Para Maria Alice Volpe (2012), a crítica sobre o conhecimento da musicologia foi amplamente debatida durante as décadas de 1980 e

1990, tanto nas vertentes norte-americanas da etnomusicologia e da autodenominada *nova musicologia* quanto nas vertentes atreladas aos desdobramentos da teoria crítica de Adorno, disseminadas em diversos países.

Com a virada teórica dos anos 2000, a musicologia ganhou várias ramificações e determinou o fim da unidade do conhecimento musicológico, que se abriu aos problemas da interdisciplinaridade, da teoria e crítica da cultura e da complexidade do mundo contemporâneo. Ainda de acordo Volpe (2012), esse período apresentou a superação dos preconceitos estético, racial e linguístico. Com essa quebra de paradigma, observou-se na pesquisa em música a dissolução das fronteiras entre a alta e a baixa cultura, o popular e o erudito, o local e o global. Com uma pluralidade de estilos, técnicas, práticas e *performances* musicais, surgem novas possibilidades criativas para o campo da música, sobretudo no âmbito da pesquisa acadêmica.

Como bem sintetizou Marcos Nogueira (2012, p. 273),

> Tomando as palavras de Mário de Andrade, no *Dicionário Musical Brasileiro* (1989), como sinalizadoras de uma fundação da musicologia brasileira, em suas categorias "aplicada" e "sistemática" a disciplina contemplaria tanto a crítica e a teoria da música quanto as práticas etnográficas, a estética, a pedagogia, a sociologia e a psicologia da música, além da fisiologia, da execução vocal e instrumental e a acústica musical. Caberiam à musicologia "histórica" os estudos de estilística, terminologia, composição, a ciência das fontes e da notação, a práxis interpretativa, a iconografia e a organologia. Atualmente, o ementário dos programas de pós-graduação tende a considerar essa extensa lista de subcategorias, elaborada por Mário de Andrade, em linhas de pesquisa que envolvem,

de um lado, a teoria, os estudos especulativos, a linguagem, e, de outro, a música como objeto de pesquisa sociocultural.

Nesse sentido, as principais teorias sobre música se expandem, criando novos desafios para a análise e a crítica musical. A multiplicidade de conceitos dos estudos semióticos, dos estudos da canção, das análises da música na pós-modernidade, da música popular, da teoria e da prática do compor, da *performance* e da cognição musical contribui para novos paradigmas da musicologia e suas vertentes. Além disso, a tensão entre o discurso teórico e o discurso artístico não encontra mais lugar na pesquisa em música, já que a experiência do fazer musical tem ampliado o debate sobre música em diversos contextos históricos e por meio de diferentes ferramentas teóricas e críticas.

Resumo da ópera

Neste capítulo, analisamos a importância da Escola de Frankfurt e do pensamento de Adorno para a educação. Em síntese, esse filósofo pensou a educação como um processo formativo baseado na emancipação e na autonomia, ao valorizar uma formação humanística, centrada em conhecimentos científicos, humanos e artísticos, que potencializam a consciência crítica.

Com esse mesmo viés, destacam-se as contribuições da filosofia e do ato de filosofar na educação, na formação de educadores e na pesquisa em música. Considerando-se que filosofar é pensar o real e dar sentido à existência, a filosofia torna-se imprescindível em todas as etapas do ensino, da educação básica ao ensino superior. Também a filosofia da música é um rico referencial de paradigmas e teorias da música, com conceitos e concepções fundamentais para sua estética e sua história.

Também vimos que o conhecimento adequado para o desenvolvimento da pesquisa em música compreende a metodologia científica e o conhecimento do campo de estudo da música, com seu amplo e variado universo de debates.

Além disso, destacamos os avanços históricos e teóricos da pesquisa em música no século XX, ressaltando como as principais teorias sobre música se expandiram, criando novos desafios para a análise e a crítica musical com sua multiplicidade de conceitos e interfaces interdisciplinares.

Teste de som

1. Assinale a alternativa que melhor descreve o que Adorno e Horkheimer pretendiam afirmar com o conceito de indústria cultural:
   a) As mídias de massa contribuiriam para o esclarecimento dos receptores.
   b) A cultura erudita substituiria as demais formas de expressão cultural.
   c) As mídias de massa transformariam a cultura em mercadoria.
   d) A cultura popular seria valorizada como forma de expressão legítima.
   e) A cultura erudita e a cultura popular seriam valorizadas.

2. Indique se as afirmativas a seguir são verdadeiras (V) ou falsas (F) e, depois, assinale a opção que apresenta a sequência correta:

( ) A formação em filosofia voltada a professores potencializa a formação didática e incentiva o ato de filosofar sobre o ensino, seus conteúdos, suas metodologias e as experiências em sala de aula, suscitando uma prática de autoavaliação da atuação docente.

( ) A filosofia na formação universitária está centrada somente no ensino das biografias de filósofos e seus principais conceitos.

( ) A filosofia da educação como disciplina nos cursos de licenciatura apresenta o percurso de grandes pensadores que influenciaram a história da educação, desde o período clássico até o contemporâneo.

( ) O pensamento filosófico ocidental nunca se interessou pelo tema da música em sua história.

a) V, F, V, F.
b) V, F, V, V.
c) V, V, V, V.
d) F, V, F, F.
e) F, F, V, F.

3. Assinale a alternativa **incorreta**:
a) As ideias de Adorno sobre educação visam à construção de um projeto de ensino que liberte o aluno da dominação, da opressão e da massificação.
b) Adorno pensa a educação sem autonomia.
c) Adorno pensa a educação como um processo formativo, baseado na autonomia.

d) Adorno pensa a educação com base na valorização de uma formação humanística, que potencializa a consciência crítica.

e) As ideias de Adorno sobre educação apostam em uma formação com conhecimentos científicos, humanos e artísticos.

f) Adorno pensa a educação como forma de preparar o homem para viver em uma sociedade democrática.

4. Assinale a alternativa correta:
   a) A história da música no século XX é uma história de experiências novas, diferentes correntes, tendências e movimentos.
   b) Não existem novos desafios para a pesquisa da música do século XX.
   c) A história da música no século XX é uma história de compositores vigorosos em técnicas e estilos e, por isso, não há espaço para o estudo da música popular.
   d) A história da música no século XX ainda não foi estudada.
   e) A história da música no século XX não aborda estudos sobre a canção popular.

5. Assinale a alternativa que **não** corresponde a teorias sobre música:
   a) Estudos semióticos.
   b) Estudos de composição.
   c) Cognição musical.
   d) Estudos do corpo.
   e) Estudos de música e mídia.

Treinando o repertório

Pensando na letra

1. Ao final da leitura deste capítulo, destaque as principais ideias de Theodor Adorno sobre a educação.

2. Redija um texto de uma página sobre as contribuições da filosofia para a formação em música.

3. Enumere em tópicos alguns aspectos importantes dos avanços da pesquisa em música no século XX.

Som na caixa

1. Faça um levantamento dos principais temas e abordagens metodológicas da pesquisa em música hoje. Pesquise *sites* de eventos científicos e/ou entreviste dois professores que são pesquisadores da área de música.

Capítulo 5
PROJETO DE PESQUISA

Este capítulo apresenta as exigências metodológicas da elaboração de um projeto científico, enfocando as diretrizes básicas de sua estrutura e composição. Essas diretrizes são bastantes práticas e podem ser aplicadas a projetos de iniciação científica e trabalhos de conclusão de curso (TCCs), além de servirem de base para projetos de pós-graduação. Trata-se, portanto, de uma proposta para a produção de um projeto de pesquisa, percorrendo-se suas etapas e elementos essenciais desde a determinação do tema até a redação do texto. Nesse caminho, são destacados os pontos principais do método de elaboração de um projeto de pesquisa em música, de modo a descrever sua estrutura desde a apresentação da delimitação temática e da escolha de um objeto de pesquisa até a elaboração de sua justificativa, seus objetivos, sua fundamentação teórica e sua metodologia.

5.1 Determinação do tema-problema e das hipóteses

A primeira etapa da elaboração de um projeto de pesquisa é a escolha do tema que se pretende pesquisar, o que implica a designação do problema prático e da área do conhecimento a serem abordados. Para um trabalho de iniciação científica ou de TCC, não se espera que o jovem pesquisador escolha um tema original nunca antes estudado. A pesquisa na graduação tem um caráter didático de iniciação e, por isso, deve-se trabalhar com temas já investigados. Pode-se, claro, apresentar novas perspectivas, mas é importante que o aluno possa pesquisar e consultar outras pesquisas anteriores, assim como livros e artigos científicos que propuseram diferentes visões sobre o tema escolhido. No caso de projetos de dissertação de mestrado e de tese de doutorado, a delimitação temática e a escolha do objeto de pesquisa devem nascer da experiência intelectual e prática e de leituras e reflexões mais maduras e aprofundadas.

A formulação do tema pode ser descritiva e, obrigatoriamente, é orientada pela norma. Com a escolha do tema, é preciso formular um problema, isto é, selecionar uma pergunta à qual o trabalho procurará responder. Muitas vezes, a questão da pesquisa está relacionada com a experiência pessoal e profissional do pesquisador, com seu interesse de estudo e especialização. No entanto, a relevância da investigação se estabelece em relação à produção da área, o que torna fundamental a revisão da bibliografia sobre o tema. Desse modo, faz-se imprescindível ler muito.

Como qualquer projeto ou planejamento, é preciso prever o que, quando e como fazer, buscando-se melhores soluções para a organização da pesquisa. Nesse sentido, considerando que o primeiro passo é a seleção do tema e a formulação do problema a ser investigado, tenha em mente algumas questões para essa tarefa: Como você chegou a esse tema? Quais foram os motivos relevantes que despertaram sua curiosidade e sua vontade de estudar esse assunto? O que você sabe sobre esse assunto? Quais são suas referências iniciais de leitura sobre esse tema?

Em seguida, é preciso realizar o levantamento bibliográfico, procurando-se referências de outras pesquisas sobre o mesmo tema, em busca de uma fundamentação teórica. Às vezes, temos como referências iniciais uma crítica musical, uma reportagem de jornal, uma aula da graduação, uma palestra ou outras fontes menos sistematizadas. Entretanto, o início da investigação de um tema ocorre com a leitura de livros, artigos científicos, anais de congressos e outros eventos científicos, dissertações de mestrado e teses de doutorado, entre outras fontes científicas. Nessa etapa, é necessário pesquisar documentos relacionados ao tema discutido, desenvolvendo-se as primeiras leituras e buscando-se a indicação de obras que permitam contextualizar e delimitar o tema de interesse.

Além das bibliotecas físicas tradicionais, dispomos atualmente de bibliotecas virtuais especializadas. Em geral, a maioria das universidades conta com bibliotecas virtuais, permitindo o acesso a dissertações de mestrado e teses de doutorado, por exemplo, além de outros documentos, como artigos, livros, *e-books* e textos diversos. Vale a pena consultar bibliotecas de universidades com programas de pós-graduação em Música para ter acesso a novas pesquisas e investigar o acervo de obras específicas da área.

Além do catálogo das bibliotecas das universidades, a internet oferece outras fontes de pesquisa com bancos de dados, elaborados e mantidos por entidades acadêmicas, científicas e culturais, que podem ser públicas ou privadas. São exemplos plataformas com bancos de dados de revistas científicas, como o Portal de Periódicos da Coordenação de Aperfeiçoamento de Pessoal de Nível Superior – Capes (2022), de acesso livre, no qual estão indexados periódicos nacionais e internacionais de todas as áreas de conhecimento; o Scientific Electronic Library Online – Scielo (2022), biblioteca eletrônica de acesso livre que viabiliza acesso a artigos de periódicos cadastrados; e o Scopus (2022), banco de dados pago que contém revistas científicas e livros de diferentes áreas, como tecnologia, ciências sociais e artes.

Com isso, a internet pode ser muito rica como fonte de informação, porém é preciso sempre refinar as buscas por dados e informações disponíveis, privilegiando-se fontes científicas, como revistas científicas, *sites* de associações de pesquisadores e portais especializados. Como se sabe, o atual volume de informação em rede nem sempre é confiável, e sua fragmentação, assim como a reprodução de dados sem a devida indicação e investigação de fontes, pode prejudicar um projeto.

No meio acadêmico, inúmeros pensadores e linhas de pesquisa propõem diferentes visões sobre um mesmo tema. Nesse sentido, são realizadas escolhas teóricas que se transformam em embasamento, com referências escolhidas de maneira criteriosa com base em levantamentos e pesquisas sobre o objeto, o que permite a extrapolação do senso comum.

Como pontuamos anteriormente, na área de música existem subáreas, em relação às quais o tema escolhido para a pesquisa se localiza. Diante disso, é necessário, ainda, contextualizar o tema diante da subárea de interesse, o que envolve leituras bibliográficas específicas. Uma pesquisa sobre música também pode requerer o exame de partituras, coleções e arquivos musicais, discos, filmes, programas de rádio e TV, textos de crítica especializada, entre outras fontes que precisam ser levantadas, contextualizadas e selecionadas.

Após a delimitação temática, é preciso apresentar bem o problema e as hipóteses, como explicamos no capítulo anterior. É importante lembrar que em qualquer pesquisa científica se deve delimitar um problema solucionável ou uma questão de pesquisa que tenha relevância teórica e prática para a área de conhecimento. O problema, portanto, é a questão central a que se quer responder com a pesquisa. Sua formulação possibilita identificar as dúvidas existentes no cenário que envolve o tema, tornando o problema uma espécie de vetor, que vai orientar o caminho e os métodos a serem utilizados no decorrer do trabalho. A atividade de formular um problema em forma de pergunta permite identificar o que realmente é essencial e o que é supérfluo para a abordagem sobre o tema e sua delimitação para a pesquisa.

O passo seguinte é buscar oferecer respostas para essa questão por meio de proposições que podem ser confirmadas ou não por meio dos resultados da pesquisa. Essas proposições são as hipóteses. Uma hipótese é sempre uma suposição, algo que ainda não está provado, mas que é uma resposta possível para a questão central do estudo. Não existe uma regra máxima para a construção de hipóteses, contudo o pesquisador precisa sempre conhecer bem seu tema, caprichando bastante em suas leituras iniciais e em sua reflexão crítica sobre o tema, para formular as hipóteses de maneira coerente com os objetivos da pesquisa. As hipóteses podem ser definidas com base em comparações com outros estudos, pesquisas e livros, quando existe similaridade em relação às variáveis do estudo que se pretende realizar, buscando-se um diálogo teórico e crítico com outros autores e pesquisadores da área.

Como as hipóteses podem ser definidas como uma resposta possível e provisória ao problema elaborado, recomenda-se que sua indicação no projeto de pesquisa seja conceitualmente adequada, com fundamentação teórica e redação objetiva, sem a recorrência a valores morais ou qualquer juízo de gosto pessoal.

5.2 Elaboração da justificativa

A justificativa de um projeto de pesquisa merece atenção especial. Muitas vezes, selecionamos um tema e um problema de pesquisa com base em uma opção pessoal. Por outro lado, não é somente a experiência ou vivência individual que define a importância de um trabalho. É preciso verificar a relevância social, cultural e artística do objeto de estudo.

Nesse sentido, é interessante abordar como a pesquisa pode contribuir para a sociedade atual. Fazer uma comparação com trabalhos anteriores pode auxiliar na redação do texto na busca por uma possível colaboração para a área do conhecimento. Fundamentalmente, deve-se também apontar a atualidade do tema e sua inserção no contexto histórico de pesquisas mais recentes na área de música.

Portanto, a justificativa é a exposição da relevância do problema enfocado no projeto. Ela apresenta tanto projetos semelhantes já desenvolvidos quanto o diferencial do projeto em questão, indicando seu alcance, sua relevância teórica e prática e a originalidade em relação à área da música e a suas subáreas e interfaces.

A justificativa pode ser desenvolvida por meio de algumas perguntas essenciais, como "Por que esse projeto deve ser realizado?" e "Qual é sua relevância teórica ou prática?". É possível responder a essas perguntas com base em duas perspectivas, a das motivações pessoais do pesquisador e a das contribuições que o projeto é capaz de trazer para a área de conhecimento e para a sociedade.

Desse modo, a elaboração da justificativa de um projeto de pesquisa sobre música deve mostrar sua importância prática e intelectual e as possíveis contribuições desse trabalho investigativo para a compreensão e a discussão do problema e do tema.

5.3 Definição dos objetivos

Os objetivos têm a função de indicar as ações a serem realizadas durante o desenvolvimento da pesquisa, as quais devem ser definidas com base na produção do conhecimento da área de música. Logo, os objetivos nascem do problema proposto.

Os objetivos de um projeto de pesquisa dividem-se em objetivo geral e objetivos específicos. O primeiro é aquele diretamente relacionado ao problema central da pesquisa, redigido com um verbo que indique de modo amplo o processo de conhecimento a ser alcançado, como *compreender*, *examinar*, *analisar* e *investigar*. Ele está atrelado ao resultado (teórico e prático) mais abrangente que se pretende atingir com o projeto.

Em seguida, os objetivos específicos listam o caminho a ser percorrido para que se alcance o objetivo geral. Indicados por tópicos, esses objetivos são escritos com verbos ligados à produção do conhecimento, como *identificar*, *descrever*, *verificar*, *comparar*, *realizar* (um levantamento), *analisar* e *discutir*. Os objetivos específicos devem, pois, definir exatamente o que se espera atingir até o final do trabalho, incluindo os produtos previstos.

Dessa maneira, os objetivos têm a função de esclarecer o que se pretende alcançar com a pesquisa, indicando metas e ações para esse fim. Portanto, é preciso elaborar um objetivo geral, que sintetiza o propósito da investigação, e alguns objetivos específicos, que definem as metas e finalidades particulares da pesquisa, as quais, se cumpridas, orientam de maneira complementar o percurso até o objetivo geral.

5.4 Fundamentação teórica

A fundamentação teórica de um projeto é um texto que apresenta a revisão e a pesquisa bibliográfica. Nela, discute-se o conhecimento existente sobre o assunto, identificam-se as lacunas de pontos pouco explorados por outros autores e selecionam-se, com coerência, as principais referências teóricas e conceituais que serão empregadas na pesquisa. Com isso, o texto oferece um panorama das noções norteadoras para o trabalho de pesquisa, esclarecendo aspectos teóricos, definindo conceitos, articulando autores e referências bibliográficas relevantes e avanços alcançados por outras pesquisas sobre o mesmo tema.

Na fundamentação teórica de um projeto de pesquisa, o objetivo é apresentar uma síntese do que já foi escrito sobre o tema proposto, levando-se em conta que o pesquisador deve fazer uma pesquisa bibliográfica inicial. Esse quadro teórico é importante também porque serve de orientação para a análise e a interpretação dos dados coletados para a pesquisa, uma vez que estes devem ser analisados e discutidos com base em um referencial preexistente. Sua redação é essencial para garantir credibilidade à pesquisa e situá-la no campo científico da área de música.

Em suma, a fundamentação teórica tem a função de apresentar a inserção do projeto no contexto das pesquisas existentes por meio da elaboração de uma revisão da bibliografia fundamental. Para esse fim, são muito importantes a leitura e o estudo de aspectos estéticos e históricos da música, considerando-se elementos perceptivos, teóricos, analíticos e estruturais, de sua prática e de seu ensino, além do repertório sobre criação musical, suas técnicas e seus recursos de composição, arranjo, improvisação e *performance*, bem como outros domínios conceituais de acordo com o tema abordado.

5.5 Metodologia de pesquisa

A metodologia de pesquisa é um dos alicerces na formação de um pesquisador. Com ela, são construídas as trilhas para a objetividade, a definição de critérios e a ética das escolhas diante de seu tema e de seu objeto de pesquisa. A metodologia está relacionada com a epistemologia e a filosofia da ciência, implicando a análise de vários métodos e pressupostos a serem aplicados à pesquisa de determinado tema. Associado à prática da pesquisa, o estudo da metodologia exerce importante função pedagógica para o planejamento e a execução das atividades acadêmicas.

Os métodos correspondem aos recursos que serão utilizados e devem estar de acordo com os demais itens do projeto. Ao responder precisamente "como" e "com que meios" o projeto será realizado, definem-se as diferentes estratégias e metodologias que serão aplicadas.

Na etapa da metodologia, o pesquisador precisa explicitar se a pesquisa é empírica, com trabalho de campo, se é teórica ou se é histórica. O conhecimento dos paradigmas, das perspectivas e das linhas de pesquisa da área de música pode ser útil na escolha dos métodos de pesquisa. Na metodologia da pesquisa científica, uma primeira diferenciação que se pode fazer é aquela entre a pesquisa quantitativa e a pesquisa qualitativa, conforme indicamos anteriormente. Com referência à natureza das fontes utilizadas para a abordagem de estudo do objeto, a pesquisa pode ser bibliográfica ou de campo. A pesquisa de método etnográfico, por exemplo, visa compreender os modos de vida do indivíduo e de um grupo social, aplicando técnicas de abordagem qualitativa e apostando na descrição e na análise.

A maioria das pesquisas é descritiva. Como verificamos na Seção 2.3, estas podem ser realizadas de diversas formas, como:

- **Estudo de caso**: trata-se de um estudo limitado, detalhado e profundo que pode centrar-se em um compositor, em um filme, em uma música, em uma instituição, em uma comunidade etc.
- **Pesquisa documental**: debruça-se sobre documentos oficiais, arquivos e catálogos.
- **Pesquisa bibliográfica**: é realizada em livros, artigos, dissertações de mestrado e teses de doutorado. Ela é base para qualquer outro tipo de pesquisa e pode esgotar-se em si mesma.

Já as técnicas de pesquisa são procedimentos operacionais, que incluem a utilização de documentação (livro, partitura, disco, filme, entre outros), questionários e entrevistas para a coleta de dados e informações relevantes para a investigação sobre períodos históricos, movimentos musicais, compositores, instrumentistas etc.

Um questionário pode ser estruturado com perguntas abertas ou de múltipla escolha. Não deve ser longo e é possível aplicá-lo de diversas maneiras: presencialmente, por *e-mail* ou mesmo com o uso de aplicativos pelo celular. As perguntas precisam ser simples e objetivas a fim de garantir o melhor entendimento de todos e uma maior precisão nas respostas.

É necessário pensar na ordem e na quantidade de perguntas para o engajamento da participação do respondente e para uma melhor coleta de informações. Todo questionário deve ser aplicado com uma apresentação da proposta da pesquisa, instruções e incentivo para seu preenchimento e agradecimentos. Vale lembrar que as perguntas abertas acarretam uma maior dificuldade na organização e na catalogação de suas respostas, sendo as fechadas, ou de múltipla escolha, uma melhor opção para a categorização.

A entrevista é a técnica mais rica de captação de informações. Sua grande vantagem é o encontro entre o pesquisador e o entrevistado em sua forma presencial tradicional. No entanto, também pode ser feita por *e-mail*, telefone, chamada de vídeo e com o uso de aplicativos pelo celular. Ela deve ser estruturada com base em uma pesquisa prévia e com um roteiro de perguntas. É importante agendá-la previamente com a apresentação da proposta da pesquisa, sem influenciar nas respostas, e convém sempre sugerir a data e o local de sua realização. O ideal é gravá-la em áudio ou vídeo para ter a garantia de seu registro, sendo importante obter a autorização do entrevistado. O ambiente escolhido deve ser calmo e silencioso para evitar ruídos indesejados que podem atrapalhar a gravação. É preciso conhecer bem a pauta e o roteiro de perguntas, buscando-se ser objetivo e confiante na prática da entrevista.

Uma entrevista é, antes de tudo, uma conversa. Contudo, é fundamental para o pesquisador saber ouvir tanto quanto saber perguntar, ter domínio de sua pauta e estar preparado, mediante pesquisa prévia e conhecimento sobre o entrevistado, para fazer mudanças de rumo, quando necessário. Recomenda-se evitar perguntas cujas respostas possam ser *sim* ou *não*; para isso existe o questionário. Caso a resposta seja parcial ou incompleta, deve-se retomar o assunto; as perguntas e as respostas precisam ser claras e de fácil compreensão.

As informações coletadas em uma entrevista não se destinam à construção de gráficos, tabelas e estatísticas – como as provenientes de um questionário – e podem ser incluídas em anexos nas monografias, nas dissertações de mestrado e nas teses de doutorado. Nos apêndices é possível incluir o roteiro de perguntas tanto dos questionários quanto das entrevistas. Para o projeto, é preciso apenas determinar sua escolha e sua realização como técnica de coleta de dados, justificando-se o que se pretende analisar com isso.

5.6 Redação do texto

A redação de um projeto de pesquisa não é nenhum "bicho de sete cabeças", mas exige atenção especial, pois consiste na expressão formal de um plano de trabalho guiado por normas e exigências científicas. Em razão disso, é preciso estar atento à elaboração do texto, de cada frase, título ou parágrafo, assim como às diretrizes para a utilização de referências bibliográficas, com citações diretas e indiretas, ou mesmo para a elaboração de uma nota de rodapé.

Antônio Joaquim Severino, em seu livro *Metodologia do trabalho científico* (2016), recomenda um estilo sóbrio e preciso para o texto científico, tanto para o projeto quanto para a própria monografia. Segundo o filósofo, mais importante do que a terminologia específica da área de conhecimento da pesquisa é a clareza do texto. A terminologia técnica deve ser empregada quando necessário, porém um bom texto deve ser claro para qualquer leitor, sem arrogância na escolha de termos e conceitos e sem o uso de frases feitas e linguagem sentimental.

Nesse sentido, a escrita de cada frase é importante, assim como a construção de cada parágrafo, que deve ser recheado de conteúdo, reproduzindo a estrutura do próprio trabalho, isto é, constituindo-se de uma introdução, de um corpo e de uma conclusão. Nas palavras de Severino (2016, p. 164, grifo do original): "Na **introdução**, anuncia-se o que se pretende dizer; no **corpo**, desenvolve-se a ideia anunciada; na **conclusão**, resume-se ou sintetiza-se o que se conseguiu". Essa recomendação é útil para qualquer texto e, particularmente, para o texto científico apresentado no projeto, em um artigo, em uma monografia, em um relatório final de TCC, em uma dissertação de mestrado e em uma tese de doutorado.

A articulação dos parágrafos no texto do projeto, portanto, deve seguir uma estrutura lógica de raciocínio, de modo que se exponha com clareza a organização das ideias do pesquisador. Por isso, é preciso ter sempre em mente a necessidade da objetividade e da conectividade de cada frase do projeto.

A redação do projeto requer, ainda, um bom domínio da língua portuguesa, devendo-se atentar à ortografia e à padronização textual, com vistas a uma comunicação ampla e assertiva. Assim, esse domínio é necessário para uma melhor exposição das ideias e da apresentação escrita do projeto.

Exige-se também um cuidado especial com a forma gráfica do texto, desde a configuração da página (suas margens, fonte, espaçamento) e sua numeração até a utilização das citações e referências bibliográficas. Afinal, é uma diretriz fundamental para o texto a utilização do instrumental técnico advindo da metodologia científica, ou seja, as normas atualizadas da Associação Brasileira de Normas Técnicas (ABNT), texto oficial que padroniza as normas técnicas para trabalhos científicos, fornecendo modelos para a bibliografia e a documentação dos escritos científicos.

O papel da ABNT consiste em estabelecer um padrão nacional para a escrita técnica. Suas normas estabelecem regras básicas para a escrita de projetos de pesquisa, monografias, dissertações de mestrado, teses de doutorado, artigos científicos e demais trabalhos acadêmicos. Muitos alunos se desesperam com essa normatização, mas não é preciso ter medo, e sim ter em mente que essas normas servem como um guia e podem sempre ser consultadas ao longo da escrita de projetos de pesquisa e textos científicos.

Além das normas da ABNT, é fundamental manter o rigor na escrita do texto de maneira ética e objetiva. Os textos científicos devem ser bem organizados, estruturados e objetivos. É muito importante revisá-los e conferir sua formatação, verificando-se a digitação correta. Todos nós cometemos erros e devemos estar atentos a uma escrita clara, objetiva, simples e direta. Isso significa que é muito importante revelar no texto esmero, capricho e coerência.

A coerência no texto é um critério formal e lógico que exprime a ausência de contradição e propicia fluência na leitura. Logo, um texto coerente é aquele que é bem construído, demonstrando habilidade em empregar conceitos, teorias e termos específicos da área de pesquisa e conhecimento.

Nessa linha, como explicou Antonio Carlos Gil (2018), o ideal é redigir o projeto com impessoalidade, privilegiando-se a modéstia e a cortesia na expressão de ideias e no diálogo com diferentes autores. Recomenda-se que o projeto seja redigido na terceira pessoa. Referências pessoais como "meu projeto" e "meu estudo" devem ser evitadas, sendo preferíveis expressões como "este projeto" e "o presente estudo".

Na busca pela clareza e pela simplicidade do texto, deve-se adotar a concisão como um princípio, selecionando-se bem as palavras e cuidando-se da correção gramatical e do domínio do vocabulário técnico e específico do campo de estudo. O texto deve ser escrito em linguagem direta, construindo-se uma argumentação apoiada em dados e referências bibliográficas e não em considerações genéricas e de senso comum, palpites e opiniões pessoais.

Atenção especial deve ser dedicada também às citações, isto é, os trechos retirados de outros estudos, artigos, livros e textos. Essa tarefa de utilizar citações no projeto de pesquisa ou mesmo na monografia requer respeito à autoria dos originais, devendo-se indicar as respectivas referências. Caso contrário, pode-se cometer o crime de plágio, ou seja, quando, de maneira intencional ou desatenta, nos apropriamos de ideias e frases publicadas por outros autores, violando os direitos autorais.

Além disso, não se pode afirmar o "desconhecimento da lei" como justificativa ou desculpa para tal crime, pois a lei é pública e explícita. Em qualquer universidade, em qualquer curso, o aluno precisa demonstrar habilidades e competências teóricas e práticas, provando-se capaz de revelar em sua escrita e em sua fala articulações intelectuais, éticas e referentes ao conhecimento da metodologia científica, que pressupõem argumentações com fundamentação teórica e a expressão de ideias próprias.

As citações enriquecem o projeto demonstrando leitura e bom levantamento prévio de referências sobre o tema. Elas podem ser transcrições literais (citações diretas) ou sínteses do trecho ou ideia que se quer comentar no projeto (citações indiretas). Em ambos os casos, é obrigatório indicar a fonte.

Geralmente, quando a citação direta tem até três linhas, deve ser redigida no corpo do próprio texto, entre aspas. Com mais de três linhas, deve situar-se em trecho destacado, com recuo de até 4 cm, em fonte um ponto menor do que a fonte normal do texto (que costuma ser Times New Roman, tamanho 12) e sem aspas. A referenciação do autor do texto original deve ser grafada em letras maiúsculas, com a indicação do ano do texto e do número da página em que se encontra o trecho destacado, sempre ao final da transcrição e entre parênteses.

A seguir, apresentamos mais detalhadamente cada tipo de citação.

Citação direta

Na citação direta, um trecho do autor consultado é transcrito, palavra por palavra, indicando-se data e página. Pode ser utilizada de duas maneiras:

- Até três linhas: o texto é inserido no corpo do parágrafo e delimitado por aspas.

> **Exemplo**
>
> Como escreveu Marcos Napolitano (2018, p. 14) no prefácio do livro, "ainda que uma canção queira nos fazer apenas chorar ou dançar, ela também pode ser boa para pensar".

- Mais de três linhas: não se utilizam aspas e recomenda-se o uso de fonte menor, com espaçamento simples e justificado, com recuo.

Exemplo

Em um ensaio recente, o músico e pesquisador Luiz Tatit (2007, p. 230) comenta a importância e a resistência da canção nos novos tempos digitais:

Não nos preocupemos com a canção. Ela tem a idade das culturas humanas e certamente sobreviverá a todos nós. Impregnada nas línguas modernas, do Ocidente e do Oriente, a canção é mais antiga que o latim, o grego e o sânscrito. Onde houve língua e vida comunitária, houve canção. Enquanto houver seres falantes, haverá cancionistas convertendo suas falas em canto. Diante disso, adaptar-se à era digital é apenas um detalhe.

Uma canção renasce toda vez que se cria uma nova relação entre melodia e letra. É semelhante ao que fazemos em nossa fala cotidiana, mas com uma diferença essencial: esta pode ser descartada depois do uso, aquela não. O casamento entre melodia e letra é para sempre. Por esse motivo, existem meios de fixação melódica, muito empregados pelos compositores, que convertem impulsos entoativos em forma musical adequada para a condução da letra.

Citação indireta ou paráfrase

A citação indireta, ou paráfrase, não requer o uso de aspas nem de fonte menor. Registra-se a ideia do autor consultado com as próprias palavras, indicando-se apenas a data da publicação, sem a necessidade de indicar a página. Essa é a citação mais usual e torna o texto mais fluente e agradável para leitura.

> **Exemplo**
>
> Paul Zumthor (2007, p. 9-10) já explicou o aspecto interdisciplinar de seus estudos sobre a voz, indicando o livro *Introdução à poesia oral* (2010) como um exemplo dessa prática de pesquisa. Segundo o autor, a palavra oral é objeto de estudo de numerosas ciências, mas a própria voz como objeto de pesquisa ainda pode suscitar novos desdobramentos analíticos sobre sua produção de sentido e recepção.

Citação da citação

Esse modo de citação é utilizado quando não se teve acesso ao texto original, mas se encontrou sua referência em outro texto. Seria como dizer "X, citado por Y". Para isso, utiliza-se a expressão *apud* – que significa "citado por". Deve-se ter cuidado com o uso repetido dessa forma de citação, pois ela pode sugerir que não se fez uma boa pesquisa bibliográfica.

> **Exemplo**
>
> De acordo com X (1985, p. 60 *apud* Y, 2002, p. 15), você está utilizando como fonte para seu trabalho uma obra do autor X, que você não leu, mas encontrou citada no trabalho de um autor Y. Isso é uma citação de citação.

Para a elaboração das referências bibliográficas, é importante indicar todos os autores e textos citados ao longo do projeto. Aqui é necessário consultar as normas da ABNT para verificar como se indicam livros, artigos, anais de congressos, webgrafia e outros materiais.

Geralmente, um projeto de pesquisa tem entre 10 e 15 páginas. O formato gráfico convencional do texto é padronizado com o uso de papel branco, formato A4, impresso em cor preta. O padrão para as margens da página são 3 cm para a superior e a esquerda e 2 cm para a inferior e a direita. É importante sempre inserir o número de página. Para a digitação do texto, é padrão o emprego de fonte 12, Times New Roman, com exceção das citações de mais de três linhas e notas de rodapé, que devem ser escritas com o uso de fonte menor. No geral, o texto deve ser digitado com espaço entrelinhas de 1,5, também com exceção das citações de mais de três linhas, notas de rodapé e das referências bibliográficas, que devem ser formatadas em espaço simples.

5.7 Aplicação da técnica e estruturação do projeto

Como indicamos, um trabalho de pesquisa precisa ser planejado, e o projeto é uma proposta para esse planejamento. A estruturação do projeto de pesquisa segue princípios comuns que objetivam esclarecer para qualquer leitor a proposta da pesquisa, seus objetivos, seus procedimentos e seus aportes teóricos e conceituais tendo em vista o tema e o problema da pesquisa.

A construção do projeto de pesquisa parece trabalhosa, mas, na verdade, é bastante simples em sua estrutura. Porém, exige esforço na redação e na organização das ideias, com cuidado em relação às normas e à escrita. Segundo a ABNT, a estrutura de um projeto de pesquisa compreende elementos pré-textuais, textuais e pós-textuais.

A seguir, apresentamos como se estrutura um projeto de pesquisa.

Estruturação do projeto de pesquisa

1. Elementos pré-textuais: capa, página de rosto, sumário, resumo e palavras-chave. Caso o projeto apresente tabelas e figuras, é preciso incluir uma lista de tabelas e uma de figuras.

2. Elementos textuais:

2.1. Introdução: apresenta o tema, devidamente delimitado, o problema ou a pergunta da pesquisa e suas hipóteses, anunciando uma discussão preliminar do trabalho e do assunto específico da pesquisa.

2.2. Justificativa: indica o porquê da escolha do tema, explicando sua importância e sua relevância para a área de estudos. Nesse tópico, é preciso adiantar a contribuição que se espera dar com os resultados da pesquisa. Para isso, pode-se sintetizar estudos anteriores sobre o tema, destacando o que precisa ser continuado ou merece uma nova proposta de investigação.

2.3. Objetivos: expõe o objetivo geral do trabalho e as ações que serão realizadas para atingi-lo, na forma de objetivos específicos. Cabe lembrar que as hipóteses precisam ser consideradas para a elaboração dos objetivos.

2.4 Fundamentação teórica: baseia-se na revisão e na pesquisa bibliográfica, apresentando o que já foi estudado sobre o tema, seus referencias teóricos e conceituais, bem como as noções norteadoras do trabalho de pesquisa.

2.5 Metodologia: apresenta o caminho da pesquisa, definindo métodos e técnicas. Explica como será feita a coleta de dados por meio de recursos metodológicos, como estudo de caso, pesquisa bibliográfica ou documental, entrevistas ou questionários, entre outros. Nesse tópico, é necessário indicar as fontes, os procedimentos e as etapas da pesquisa.

2.6 Cronograma: é o planejamento de execução da pesquisa. Define o período do desenvolvimento da pesquisa e divide-o em etapas e atividades, distribuindo-as no tempo – nos semestres estabelecidos para a realização do trabalho. Geralmente, é apresentado na forma de um gráfico ou diagrama.

3. Elementos pós-textuais:

3.1 Referências: é a listagem das diversas fontes consultadas e levantadas (bibliografia, filmografia, webgrafia), observando-se a ordem alfabética e as normas atualizadas da ABNT.

É fundamental verificar as normas da instituição de ensino e do curso ao qual o pesquisador está vinculado para a estrutura e a redação do projeto, com atenção especial para a apresentação gráfica geral do projeto, da monografia ou do trabalho/relatório final. Normalmente, as universidades têm regulamentos próprios para os TCCs e para a participação em seus programas de iniciação científica. Mesmo na pós-graduação é preciso estar atento aos editais dos processos seletivos de mestrado e doutorado, visto que podem ter especificidades em suas regras para a formatação dos projetos conforme a instituição e o curso.

Essa verificação de normas internas pode ser útil para os modelos de capa e folha de rosto do projeto. Basicamente, a capa deve conter as informações da instituição, o nome do aluno, o título do trabalho, a cidade e o ano. A capa de um projeto é semelhante à capa do TCC, da monografia, da dissertação de mestrado e da tese de doutorado. Cabe atentar para algumas orientações gerais: os dados devem ser centralizados, não se deve colocar ponto após o título e a página da capa não deve ser numerada.

A folha de rosto nem sempre é exigida e, geralmente, apresenta as mesmas informações da capa acrescidas do nome do orientador e da finalidade, indicando-se, por exemplo, que se trata de um projeto de trabalho de conclusão do curso (TCC) de licenciatura em Música, com os nomes da universidade e do professor responsável pela orientação do trabalho.

A escolha do título é mais que mera formalidade; ele deve ser capaz de sintetizar de maneira objetiva, em uma única sentença, a proposta do projeto. O título de um projeto é provisório e pode ser modificado para melhor caracterizar a pesquisa realizada. Subtítulos são facultativos, mas podem ser utilizados para fins de complementação. Pesquisas de iniciação científica e monografias de TCC costumam ter títulos mais convencionais, de modo a evitar qualquer interpretação imprecisa, anunciando-se de uma vez objeto, tema e método proposto para o trabalho.

Também é importante lembrar que o título é o primeiro contato do leitor com o texto. Em razão disso, a escolha do título é importante para que ele compreenda de imediato do que o projeto trata. Não pode ser confuso, apresentar ambiguidades e jogos de palavras sem sentido para o leitor que ainda não conhece o conteúdo. Além disso, precisa ser um convite à leitura, despertando o interesse do leitor pela pesquisa. Assim, pode ser planejado como uma manchete de jornal. Por isso, antes de defini-lo, recomenda-se que seja lido em voz alta para verificar se está adequado e interessante.

O sumário esquematiza as principais divisões do projeto. Consiste em uma lista dos tópicos que o estruturam com a indicação das páginas em que se localizam. O ideal é redigir o sumário ao final da redação do projeto. Ele deve vir em uma página exclusiva.

O resumo é uma pequena amostra ou sinopse do projeto. Deve ser enxuto e bastante informativo. Em projetos de pesquisa, os resumos apresentam o tema, os objetivos, o método e as metas do estudo. É necessário que seja redigido de forma impessoal, em um único parágrafo. Não se deve fazer citação em resumos.

Além de fazer o resumo, é preciso selecionar bem as palavras-chave, ou seja, os termos que caracterizam o projeto. Normalmente, a quantidade varia entre três e cinco palavras-chave, que também dão conta de apresentar o projeto como se fossem palavras descritivas sobre o tema, o objeto, os conceitos e outras terminologias específicas das escolhas da pesquisa. Deve-se evitar o uso de palavras que já constam no título. Essas expressões servirão depois como indexação em bases de dados. Cada palavra, em geral, é separada por ponto e vírgula e iniciada com letra maiúscula.

Ainda sobre os elementos do projeto, já sintetizados, a introdução deve anunciar as principais questões relacionadas ao tema e ao problema da pesquisa. É sempre importante revisar o texto da introdução após a conclusão da escrita do projeto para verificar se o tópico realmente apresenta bem o projeto.

Como afirmamos, a justificativa deve apresentar a importância e a contribuição da pesquisa com base na revisão da literatura e no conhecimento produzido a respeito do tema. Com essa revisão, fica mais fácil explicar a nova proposta de pesquisa e sua relevância, seu porquê.

Uma vez que são a razão de um projeto, é importante indicar objetivos possíveis de execução, considerando-se principalmente o tempo que será dedicado à pesquisa. A redação de cada objetivo deve ser curta e sempre se iniciar com o verbo no infinitivo. De modo geral, os objetivos específicos podem ser:

- **exploratórios**: conhecer, identificar, levantar, descobrir, entre outros;
- **descritivos**: caracterizar, descrever, traçar, determinar, entre outros;
- **explicativos**: analisar, avaliar, verificar, explicar, entre outros.

Na sequência, são apresentados os métodos e as técnicas, evidenciando-se como o projeto será realizado, como serão obtidos e analisados os dados e as informações pertinentes. O principal objetivo da escolha dos métodos é definir bem o tipo de estudo a realizar, que pode ser descritivo, documental, bibliográfico, qualitativo, quantitativo, misto, estudo de caso, pesquisa participante, pesquisa-ação, pesquisa de campo, estudo etnográfico, entre outras possibilidades, conforme abordamos no Capítulo 2.

O cronograma de execução da pesquisa é um plano de trabalho bem definido de acordo com o tempo ou com o período em que as atividades serão realizadas. Em geral, projetos de iniciação científica e de TCCs são desenvolvidos durante um ano e seguem o calendário acadêmico específico de cada curso e instituição. Assim, é preciso estar atento ao calendário, considerando-se os bimestres, as férias e os feriados, os encontros de orientação e as outras atividades do período. A melhor forma de apresentar o cronograma é com o uso de um quadro.

As referências devem identificar os trabalhos citados ao longo do projeto e indicar o levantamento bibliográfico já realizado. É preciso obrigatoriamente seguir as normas da ABNT. Vale observar que se trata de uma bibliografia inicial, que deverá ser ampliada ao longo da pesquisa. Também é fundamental incluir nas referências bibliográficas livros, artigos científicos e textos recentes, o que demonstra a atualização do tema pesquisado. Deve-se evitar apresentar apenas uma ampla webgrafia ao incluir *sites*, *blogs* e artigos de jornais e revistas em demasia, buscando-se privilegiar textos científicos.

Ao final do trabalho, é possível incluir apêndices e anexos, que são opcionais e mais utilizados nas monografias do que nos projetos de pesquisa. Por definição, os apêndices são textos e esquemas desenvolvidos pelo próprio pesquisador, como uma pauta para uma entrevista, com a listagem das perguntas, por exemplo. Já os anexos são conteúdos produzidos por outras fontes, como uma reportagem ou um gráfico. O ideal é escolher conteúdos que não são facilmente encontrados na internet, pois, nesse caso, pode-se apenas indicar a referência. Além disso, esses conteúdos precisam ser fundamentais para comprovar e complementar informações citadas no projeto ou, posteriormente, ao longo do desenvolvimento da pesquisa.

▷▷ Resumo da ópera

1. O projeto de pesquisa é composto por uma estrutura dividida em três partes, como indicado no quadro a seguir.

Quadro A – Estrutura do projeto de pesquisa

Elementos pré-textuais	◆ Capa ◆ Folha de rosto ◆ Sumário ◆ Resumo ◆ Palavras-chave
Elementos textuais	◆ Introdução ◆ Justificativa ◆ Objetivos ◆ Fundamentação teórica ◆ Metodologia ◆ Cronograma
Elementos pós-textuais	◆ Referências bibliográficas ◆ Anexos e apêndices

2. Os principais elementos textuais de um projeto estão relacionados a seguir.

Quadro B – Principais elementos textuais de um projeto

Elemento	Significado
Tema	O quê?
Problema	Pergunta da pesquisa
Hipóteses	Possíveis respostas para a pergunta
Justificativa	Por quê?
Objetivos	Para quê?
Revisão da literatura	O que já foi escrito sobre o tema?
Fundamentação teórica	Quais são as referências teóricas para o estudo?
Metodologia	Como?
Cronograma	Quando as atividades serão desenvolvidas.

3. Redação é a arte de expressar corretamente o pensamento na escrita. A linguagem científica exige uma redação clara, objetiva, concisa e coerente. Com essa finalidade, deve-se:

- utilizar a língua portuguesa de acordo com sua norma culta;
- utilizar as normas da ABNT como guia para formatar o projeto e sua redação;
- escrever na forma impessoal;
- escrever de maneira objetiva;
- escrever parágrafos curtos;
- ler, estudar e conhecer bem os paradigmas teóricos;
- utilizar citações e referências teóricas;

- evitar repetições (de palavras e de ideias);
- não usar gírias, clichês, senso comum e estrangeirismos;
- escrever e reescrever, revisar e escrever de novo.

4. *Check-list* do projeto de pesquisa:
    a) O título apresenta adequadamente a proposta da pesquisa?
    b) O resumo sintetiza o projeto?
    c) A introdução apresenta o tema, o problema e a hipótese da pesquisa?
    d) A justificativa demonstra a relevância da pesquisa?
    e) Os objetivos estão bem definidos e são possíveis de atingir?
    f) A fundamentação teórica apresenta uma revisão da literatura sobre o tema? Explica as bases teóricas de conceitos e paradigmas que serão utilizados na pesquisa?
    g) A metodologia é coerente com os objetivos do projeto?
    h) O cronograma é viável?
    i) As citações e as referências bibliográficas foram feitas conforme as normas da ABNT?
    j) A redação e a diagramação do projeto foram revisadas?

Teste de som

1. Indique se as afirmativas a seguir são verdadeiras (V) ou falsas (F) e, depois, assinale a opção que apresenta a sequência correta:
    ( ) A pesquisa na graduação tem um caráter didático de iniciação científica e, por isso, deve-se trabalhar com temas já abordados, de modo que o aluno possa pesquisar e consultar outras

pesquisas realizadas, assim como livros e artigos científicos que propuseram diferentes visões sobre o tema escolhido.
( ) O problema é a resposta possível de uma pesquisa. Sua formulação possibilita identificar os resultados finais da pesquisa, independentemente dos métodos a serem utilizados no decorrer do trabalho.
( ) A justificativa é a exposição da relevância do problema apontado no projeto. Apresenta pesquisas semelhantes já desenvolvidas e o diferencial do projeto, indicando seu alcance, sua relevância teórica e prática e sua originalidade em relação à área da música e a suas subáreas e interfaces.
( ) Os objetivos de um projeto de pesquisa devem esclarecer o que se pretende com a pesquisa e indicar as metas que se espera alcançar com sua conclusão. Para isso, deve-se elaborar um objetivo geral, que sintetiza o propósito da pesquisa, e objetivos específicos, que definem as metas e as ações particulares que viabilizam o alcance do objetivo geral.

a) V, F, F, V.
b) V, F, V, V.
c) V, V, V, V.
d) F, V, F, F.
e) V, F, V, F.

2. Assinale a alternativa que melhor descreve a importância da fundamentação teórica de um projeto de pesquisa:
   a) A fundamentação teórica tem o papel de apresentar os métodos e as técnicas de coleta de dados e informações para a pesquisa.
   b) A fundamentação teórica é crucial para a definição objetiva e quantitativa de um projeto de pesquisa na área de música.

c) A fundamentação teórica é responsável pela apresentação da relevância social, cultural e artística da pesquisa em música.
d) A fundamentação teórica tem o papel de listar em tópicos as metas específicas de um projeto de pesquisa.
e) A fundamentação teórica apresenta as principais referências teóricas e conceituais que serão empregadas na pesquisa.

3. Indique se as afirmativas a seguir são verdadeiras (V) ou falsas (F) e, depois, assinale a opção que apresenta a sequência correta:
( ) A redação de um projeto de pesquisa exige o domínio da língua portuguesa, com atenção a sua ortografia e a apresentação clara de ideias e questões.
( ) Uma diretriz fundamental para redação de um projeto de pesquisa é utilizar as normas atualizadas da Associação Brasileira de Normas Técnicas (ABNT), texto oficial que padroniza as normas técnicas para trabalhos científicos, fornecendo modelos para a bibliografia e a documentação dos escritos científicos.
( ) A redação de um projeto de pesquisa deve privilegiar a impessoalidade, a modéstia e a cortesia na expressão de ideias e no diálogo com diferentes autores. O texto deve ser escrito em linguagem direta, com uma argumentação apoiada em dados e referências bibliográficas e não em palpites e opiniões pessoais.
( ) A redação de um projeto exige o uso de citações, que são trechos de textos retirados de artigos, livros e pesquisas, sempre com a indicação de suas fontes e referências para respeitar os direitos autorais. O uso de citações enriquece o projeto ao demonstrar leitura e bom levantamento prévio de referências sobre o tema.

a) V, V, F, V.
b) V, F, V, F.
c) V, V, V, V.
d) F, V, F, F.
e) V, V, V, F.

4. Assinale a alternativa que melhor define o que é plágio:
    a) O plágio configura-se como o uso de frases e ideias de outro autor, publicadas em livros, artigos ou textos da internet, sem a devida indicação ou referência. O plágio é uma violação dos direitos autorais com implicações cíveis e penais.
    b) O plágio é uma cópia de outro trabalho com a devida referência da fonte de pesquisa.
    c) O plágio consiste na assinatura de um trabalho de sua autoria.
    d) O plágio é a cópia de frases e ideias já publicadas por outro autor, com a indicação da fonte de pesquisa. O plágio não é considerado crime, e sim uma prática comum na redação de trabalhos científicos.
    e) O plágio corresponde ao uso indevido de conceitos elaborados por outros autores, sem as devidas autorizações. O plágio é um pequeno delito sem implicações cíveis e penais.

5. Assinale a alternativa **incorreta**:
    a) A justificativa de um projeto de pesquisa aborda sua contribuição para a sociedade atual.
    b) A justificativa de um projeto de pesquisa apresenta uma possível colaboração para a área do conhecimento.
    c) A justificativa de um projeto de pesquisa aponta a atualidade do tema e sua inserção no contexto histórico de pesquisas mais recentes na área de música.

d) A justificativa de um projeto de pesquisa é a exposição de seu alcance, sua relevância teórica e prática e sua originalidade em relação à área da música e a suas subáreas e interfaces.
e) A justificativa de um projeto de pesquisa em música é opcional.

Treinando o repertório

Pensando na letra

1. Leia atentamente um artigo publicado em um periódico científico da área de música e proceda à análise crítica de seu estilo, considerando os critérios de impessoalidade, objetividade, clareza, precisão, coerência e concisão. Verifique, ainda, o uso das normas da Associação Brasileira de Normas Técnicas (ABNT) na elaboração das citações e das referências.

2. Pesquise, na biblioteca de sua universidade, os trabalhos de conclusão de curso (TCCs) já realizados na área de música. Verifique temas, problemas, objetivos, fundamentação teórica, metodologia e apresentação dos resultados das pesquisas.

Som na caixa

1. Agora, você pode iniciar a construção de seu projeto de pesquisa. Para isso, siga as orientações e a estrutura apresentadas neste capítulo.

Capítulo 6
LINHAS DE PESQUISA

Este capítulo apresenta brevemente as características das principais linhas de pesquisa da área de música – educação musical, etnomusicologia, composição, sonologia, musicologia e suas vertentes, estética musical, teoria e análise musical e suas interfaces interdisciplinares –, destacando algumas de suas referências fundamentais e aportes históricos e teóricos.

6.1 Ensino e aprendizagem de música em escolas de educação básica e escolas especializadas em música

Para um aluno de licenciatura em Música é bastante pertinente investigar a problemática do ensino de música atualmente, suas novas metodologias e seus processos inovadores, o uso de recursos tecnológicos, o estabelecimento de novos currículos, experiências didáticas, avaliação de aprendizagens, práticas pedagógicas aplicadas da educação básica ao ensino superior ou mesmo atividades de extensão universitária e pós-graduação, cursos livres e escolas especializadas em música.

Existem várias tendências de educação musical no contexto escolar, com a adoção de diferentes métodos de ensino e procedimentos pedagógicos que foram marcados pelas transformações da história da educação, considerando-se desde o modelo tradicional até as metodologias ativas e as novas práticas criativas de ensino e aprendizagem. Nesse sentido, é fundamental a leitura das pesquisas de Marisa Fonterrada, como no caso de seu livro *De tramas e fios: um ensaio sobre música e educação* (2008), no qual ela apresenta um panorama sobre os principais pensadores, conceitos e abordagens sobre a educação musical. A pesquisadora discute também o ensino de música no Brasil da educação infantil até a pós-graduação, com uma perspectiva histórica sobre o sistema educacional brasileiro e seus novos rumos. Fonterrada (2008) apresenta, ainda, uma série de músicos comprometidos com o ensino de música, destacando Émile Jaques-Dalcroze, Edgar Willems, Zoltán Kodály, Carl Orff e Shinichi Suzuki, bem como suas teorias, seus métodos e suas ideias, que influenciaram o pensamento sobre educação musical no Brasil.

Cabe mencionar também o livro *Pedagogias em educação musical* (2012), organizado por Teresa Mateiro e Beatriz Ilari e constituído por ensaios que apresentam dez pedagogos musicais fundamentais para a compreensão do processo histórico da educação musical. A obra discute métodos, materiais didáticos e diferentes metodologias de ensino de música em diversos contextos históricos e sociais ao descrever o pensamento de cada músico-educador, suas propostas pedagógicas e os impactos e aplicações de seus métodos no Brasil.

Esse livro apresenta a importância de Émile Jaques-Dalcroze e sua didática baseada no movimento e na liberdade do corpo (com a consciência rítmica) e na liberação do ensino enciclopedístico; o destaque para a sensibilização e a vivência musical sistematizada para a alfabetização e a aprendizagem de conteúdos centrados no uso da voz, conforme a proposição do compositor e educador húngaro Zoltán Kodály; os princípios psicológicos voltados à iniciação e ao desenvolvimento sensorial e à formação do ouvido musical na educação infantil, de acordo com a perspectiva de Edgar Willems; a abordagem pedagógica de Carl Orff, que valorizava as vivências dos elementos musicais e o fazer musical como expressão; a proposta de Maurice Martenot, com o uso do jogo e das atividades lúdicas como estratégia pedagógica para o desenvolvimento musical e sensorial de crianças; a educação do talento e o papel da socialização na aprendizagem instrumental propostos pelo violinista japonês Shinichi Suzuki; a pedagogia crítica, influenciada por Theodor Adorno, da educadora alemã Gertrud Meyer-Denkmann; a proposta do inglês John Paynter de pesquisar os sons para um fazer musical criativo na escola mediante experiências com diferentes fontes e materiais sonoros sob a influência de compositores de vanguarda, como Pierre Schaeffer e John Cage; a educação musical baseada em exercícios de escuta e exploração criativa dos sons proposta pelo canadense Murray Schafer; e a pedagogia musical ativa centrada na prática musical descrita por Jos Wuytack (Mateiro; Ilari, 2012).

Também com a proposta de aprender música fazendo música, tal como defendia Jos Wuytack, destaca-se Keith Swanwick, autor de vários livros sobre educação musical. Swanwick (2003) valoriza a experiência musical em sua relação dinâmica com a intuição e a análise, sendo conhecido por ter criado a teoria da espiral para a aprendizagem musical. Essa teoria se fundamenta nos conceitos de assimilação e acomodação de Jean Piaget, chamados em sua aplicação no ensino de música de *intuição* e *análise*.

Teresa Mateiro e Beatriz Ilari também organizaram o livro *Pedagogias brasileiras em educação musical* (2015) para reunir algumas pedagogias nacionais que marcaram a história da educação musical no Brasil, ampliando as práticas de ensino da música para além das referências dos métodos estrangeiros e da predileção pela música erudita, de modo a incorporar as experiências locais, a música popular, as mídias e as tecnologias ao ensino de música.

O livro apresenta a importância de Heitor Villa-Lobos para a educação musical com seu programa de canto orfeônico, apesar de seu comprometimento moral e político com a Era Vargas; o ensino baseado na ciência, particularmente na psicologia, de Antônio de

Sá, influenciado pela Escola Nova de John Dewey e pela escola ativa de Jaques-Dalcroze; a renovação da educação musical como experiência estética proposta por Liddy Chiaffarelli Mignone; a musicalização centrada nos usos da voz conforme a perspectiva de Gazzi Galvão de Sá; os processos de conscientização do novo e do mundo na música e na pedagogia para a formação de musicistas segundo Hans-Joachim Koellreutter; o ensino de teoria e análise da linguagem musical de Esther Scliar; a pedagogia da consciência musical do ritmo do violinista e rabequeiro José Eduardo Gramani; e o desenvolvimento da musicalidade no método O Passo, de Lucas Ciavatta.

Como vimos no primeiro capítulo, a reflexão sobre a educação musical está presente na história da filosofia ocidental desde a Grécia Antiga, quando os pensadores clássicos sistematizaram a importância da música para a formação da sensibilidade do homem e de seu exercício de cidadania. Assim, os estudos sobre educação musical podem resgatar paradigmas teóricos da história da filosofia para possibilitar a compreensão de novos conceitos e práticas.

A investigação sobre a educação no mundo contemporâneo é igualmente fundamental, devendo-se considerar os pensadores da história da educação e analisar as situações concretas de sua prática no Brasil. É preciso contemplar análises das Diretrizes Curriculares Nacionais (DCN) para a educação básica e para o ensino superior, das políticas públicas e da legislação, da educação musical especial e inclusiva, do currículo, da didática, dos livros didáticos, do uso de tecnologias digitais, das novas metodologias de ensino e aprendizagem, dos princípios e métodos aplicados da escola básica até o ensino superior, em conservatórios e escolas de música, da formação e da prática de professores, dos projetos de extensão em educação musical, entre outros temas.

Nessa perspectiva, uma referência importante é o *site* da Associação Brasileira de Educação Musical – Abem (2022), entidade nacional, sem fins lucrativos, fundada em 1991, com o intuito de congregar profissionais e organizar o pensamento crítico, a pesquisa e a atuação nessa área. Ao longo de sua história, a Abem contribuiu muito para a consolidação de uma literatura nacional especializada, com a publicação regular da *Revista da Abem*, da série *Fundamentos da Educação Musical* (quatro volumes), da Série Teses (dois volumes) e dos anais de cada encontro nacional anual.

Nesse sentido, é interessante o recente artigo de Eliton Pereira e Carol Gillanders intitulado "A investigação doutoral em Educação Musical no Brasil: meta-análise e tendências temáticas de 300 teses" (2019), no qual os autores analisam o desenvolvimento da educação musical como um campo científico no Brasil com base em 300 teses de doutorado em música que abordam temas diretamente relacionados à educação musical, de 1989 até 2017. O artigo apresenta uma pesquisa de metodologia mista, utilizando-se os métodos quantitativo e qualitativo, por meio de um mapeamento de temas e linhas investigativas da área.

O trabalho de criação musical também como atividade para educadores vem crescendo e tornando-se tema de diferentes pesquisas, como as de Maura Penna (1990), que publicou vários artigos na *Revista da Abem*, além do livro *Construindo o primeiro projeto de pesquisa em educação e música* (2017), buscando sempre discutir e valorizar o ensino musical criativo em atividades nas escolas de ensino fundamental e médio.

Com esse viés, também a pesquisadora Alícia Loureiro analisa a situação do ensino de música na escola brasileira, examinando o sentido e o significado da educação musical, seus aspectos e antecedentes filosóficos e seu lugar no atual currículo do ensino fundamental, bem como a formação pedagógica do educador musical e as possibilidades e os limites para a educação musical como disciplina, no livro *O ensino da música na escola fundamental* (2016).

A pesquisa tem um importante papel na formação de um professor, e isso não é diferente na área de música. A literatura específica e a legislação relativa à formação de professores admitem a importância da pesquisa na preparação e no trabalho docente, particularmente para a formação de educadores reflexivos e autônomos, atentos às mudanças da prática escolar, estreitando-se os laços entre ensino e pesquisa no cotidiano. Marli André organizou um livro sobre esse tema, na área da educação, intitulado *O papel da pesquisa na formação de professores* (2001), reunindo diferentes perspectivas teóricas e práticas acerca das possibilidades de articulação entre ensino e pesquisa na formação docente. Na obra, de maneira geral, a pesquisa é pensada como procedimento de investigação e produção de conhecimento, que engendra objetos e objetivos práticos aproximando reflexão e experiência, ou seja, o conhecimento e a ação docente em sala de aula.

O professor-pesquisador da área de comunicação e letras Marco Moretto também já defendeu essa ideia no livro *Ser professor reflexivo não é um bicho-de-sete-cabeças* (2013), aplicando a pesquisa na prática escolar ao articular a ação do professor em sala de aula com os saberes produzidos com base na reflexão sobre essa ação. O professor reflexivo é investigador, capaz de examinar sua prática, identificar seus problemas, formular hipóteses, questionar seus métodos, analisar o contexto escolar, institucional e cultural em que está inserido, assumindo a responsabilidade profissional diante de novos desafios em relação ao currículo, ao aluno e à sociedade.

Outra referência pertinente para essa linha de pesquisa é o livro *Escola e educação musical: (des)caminhos históricos e horizontes*

(2015a), em que a autora Rita Fucci-Amato apresenta um panorama dos primórdios da educação musical no Brasil até os novos desafios pedagógicos para a formação do professor de música, da integração entre teoria e prática, da interdisciplinaridade e da tecnologia no ensino de música na escola atual.

Nessa obra, a pesquisadora explica que a educação musical chega ao Brasil como prática formal e sistemática com a ação da Igreja Católica e seu ensino ainda no período colonial. No cenário religioso, da música sacra, essa educação musical privilegiava a tradição musical europeia. Nessa época, surgiram os primeiros conservatórios ou escolas de música privadas, que promoviam uma educação musical elitista e priorizavam o ensino pianístico. Para a pesquisadora, os conservatórios incentivavam o rigor no treinamento técnico e, com o passar do tempo, atingiram o gosto da classe média brasileira que visava à ascensão social por meio de um saber artístico, tendo relativo sucesso até os anos 1970 e 1980 (Fucci-Amato, 2015a).

Fucci-Amato (2015a) também destaca os inúmeros decretos e leis que incluíam a música nas escolas, com um breve panorama sobre a legislação educacional da música no Brasil. Ressalta, ainda, a contribuição de Villa-Lobos para a educação musical e vocal brasileira com sua experiência com o canto orfeônico, analisando sua ligação com o nacionalismo vigente que trazia conteúdos de propaganda política e ideológica para a música, principalmente a partir do golpe do Estado Novo de Getúlio Vargas, em 1937.

A educação musical permaneceu no currículo das escolas – no atual ensino fundamental e ensino médio – até o início da década de 1970. A partir daí, passou a integrar o componente amplo de Educação Artística ou Arte, ao lado do teatro, da dança e das artes visuais, com um número bastante restrito de educadores com habilitação em Música e com uma perspectiva interdisciplinar. Apesar das orientações dos Parâmetros Curriculares Nacionais (PCN), elaborados pelo Ministério da Educação (MEC), o ensino de música nas escolas é bastante escasso.

Segundo Mateiro (2006), a educação musical tornou-se privilégio de poucos, pois a maioria das escolas brasileiras a aboliu de seus currículos em virtude de fatores como a não obrigatoriedade da aula de música e a falta de profissionais da área. Não obstante, a pesquisadora destaca o aumento de publicações sobre pedagogias em educação musical e o interesse crescente em novas tendências pedagógicas. Mesmo com a alteração da Lei de Diretrizes e Bases da Educação Nacional (LDBEN) em 2008, quando a música passou a ser conteúdo obrigatório, mas não exclusivo, do planejamento pedagógico referente às áreas artísticas, ela ainda não encontra seu devido espaço nas escolas públicas.

Outra virada importante para as pedagogias musicais na escola foi o desenvolvimento das tecnologias no âmbito da educação, que ganhou expansão com o uso da internet como ferramenta pedagógica, sendo esses recursos utilizados desde a musicalização infantil até a graduação sob os novos paradigmas da educação a distância (EaD). Isso transformou o mercado de ensino musical em cursos livres e escolas especializadas que hoje se concentram na oferta de cursos *on-line*.

Além das inúmeras investigações sobre música na educação infantil, as pesquisas em educação musical também crescem com o debate sobre educação inclusiva, tema essencial atualmente. Lisbeth Soares, em *Música, educação e inclusão: reflexões e práticas para o fazer musical* (2020), discute esse pressuposto de música para todos, incluindo pessoas com deficiência, transtornos e necessidades especiais, e apresenta conceitos, métodos e a aplicação de propostas pedagógicas da educação musical no Brasil, constituindo um rico material para futuros docentes.

Toda a história da educação representa uma dinâmica expansão de metodologias que podem dialogar e contribuir de maneira importante para o ensino de música. As pesquisas que se interessam pela prática escolar cotidiana e o processo educativo da música no Brasil com vistas a analisar o redimensionamento do fazer e do saber docente são estudos fundamentais para o crescimento do campo da música. Trata-se de uma linha de pesquisa bastante recorrente e relevante, pois discute o papel da escola e do professor no ensino de habilidades como autonomia, tolerância, alteridade, cidadania, além da valorização da diversidade cultural e artística por meio da música.

Por fim, vale destacar que a pesquisa em educação musical atualmente precisa pensar o futuro, conjugando características do passado e do presente, para mapear a importância da música na escola e os princípios pedagógicos e as metodologias criativas que dialogarão melhor com as transformações sociais e culturais do século XXI, além de refletir sobre o valor formativo da música para as futuras gerações.

6.2 Etnomusicologia como opção de pesquisa

A etnomusicologia reúne pesquisas e estudos etnográficos acerca das representações e práticas musicais, com uma reflexão sobre o fazer musical e suas condições de produção, transmissão e recepção. De acordo Paulo Castagna (2008), atualmente, a musicologia, preocupada com a matéria musical em si, distingue-se da etnomusicologia, destinada ao estudo da música na cultura, embora esta tenha algumas de suas raízes naquela.

Mesmo assim, a etnomusicologia não é considerada um ramo da musicologia. Ambas constituem diferentes troncos, desde sua separação na década de 1950. Mais relacionada à sociologia e à antropologia, a etnomusicologia tem dedicado estudos à música não europeia ou à prática musical de nações, culturas ou classes sociais diferentes daquelas às quais pertencem os pesquisadores. Nesse contexto, a etnomusicologia prioriza não exatamente a música, e sim o indivíduo que a produz.

Ainda segundo o pesquisador,

> Embora autores como Joseph Kerman concordem que a musicologia, a teoria, a etnomusicologia e outras atividades não devam ser definidas em função de seu objeto de estudo, mas sim em função de seus métodos, filosofias e ideologias, estes admitem que a maior parte dos musicólogos concentra-se no estudo da música erudita ocidental anterior ao século XX, os teóricos na música erudita do séc. XX e os etnomusicólogos na música popular, folclórica ou não ocidental. (Castagna, 2008, p. 11)

Conforme o historiador inglês Peter Burke (2005, p. 86), "para um estudo de caso na história das representações, a musicologia é uma disciplina em que alguns praticantes agora se definem como historiadores culturais". Essa mudança também foi marcada pelo surgimento dos cursos de pós-graduação em Música, principalmente nas áreas de etnomusicologia e musicologia, com pesquisas que passaram a valorizar a música na cultura, a relação compositor-obra-intérprete-ouvinte e o papel do artista em sua sociedade, incorporando como fundamentação teórica conhecimentos de outras áreas, como história, sociologia e linguística, expandindo e reconhecendo a necessidade da interdisciplinaridade.

A etnomusicologia é marcada por pesquisas de campo e estudos de caso, pela tematização etnológica e pelo estudo da música na cultura, como definiram Alan Merriam (1964) e John Blacking (2007) - pesquisador que citamos no Capítulo 3 ao destacarmos a valorização da experiência musical em estudos da etnomusicologia. Com uma abordagem multidisciplinar com o suporte da antropologia e da sociologia, com forte apoio nas ideias de Claude Lévi-Strauss (1908-2009), essa linha de pesquisa tem um amplo e diverso arcabouço teórico para seu empreendimento de análise da cultura e de experiências musicais singulares na busca pela compreensão das músicas do mundo e de seus mais diversos povos.

No livro de Merriam (1964), é possível encontrar a especificidade da etnomusicologia como um subcampo de estudos da música, denominado pelo autor *antropologia da música*, com noções centrais que dão suporte para a análise histórica e teórica de músicas e canções, com ênfase em sua estética e seu valor social, em uma investigação acerca da importância da música na cultura.

De modo geral, a etnomusicologia trabalha com a análise de canções folclóricas, história oral, identidade, estudos culturais, tradições, músicas étnicas, fluxos migratórios, instrumentos e *performances* singulares de determinados povos e culturas, podendo-se analisar desde o ritmo na música africana até a sonoridade da herança cultural indígena no Brasil.

Apesar de o início da etnomusicologia ter sido marcado pelo pressuposto da pesquisa de universos musicais fora da própria cultura e origem do pesquisador, com a análise da música de povos não ocidentais por pesquisadores ocidentais, atualmente, no Brasil, esse campo passou a investigar toda a diversidade cultural e musical dos diferentes estados, cidades e territórios nacionais, considerando-se contextos rurais ou regionais, como o maracatu pernambucano ou o canto e a dança do fandango do Paraná, e urbanos, como o *funk* carioca e as batalhas de *rap* em São Paulo.

A pesquisa etnomusicológica no Brasil pode ser conhecida por meio da Associação Brasileira de Etnomusicologia (Abet), que congrega pesquisadores, instituições e associações regionais ligados à etnomusicologia. O *site* da associação disponibiliza publicações e documentos especializados, tais como os anais de seus congressos e a revista *Música e Cultura*, periódico dedicado à etnomusicologia, que podem servir como referências iniciais para a pesquisa etnográfica da música (Abet, 2022).

Carlos Sandroni, em seu artigo "Apontamentos sobre a história e o perfil institucional da etnomusicologia no Brasil" (2008), analisa a história recente e aspectos do perfil da pesquisa em etnomusicologia no Brasil. Segundo o autor, oposta às tendências das etnomusicologias norte-americana e europeia, no Brasil, esse campo de estudo caracteriza-se por estar voltado para a música do próprio país.

Outro ponto relevante levantado pelo pesquisador é a flexibilização de fronteiras metodológicas e a constante colaboração e diálogo com estudiosos de outras áreas, como Hermano Vianna (antropólogo) e José Geraldo Moraes (historiador), além de especialistas em música brasileira, como os jornalistas José Ramos Tinhorão e Humberto Franceschi, os folcloristas Altimar Pimentel e Oswaldo Trigueiro e os músicos Marlui Miranda e Djalma Corrêa (Sandroni, 2008).

Nesse contexto de quebra de fronteiras na pesquisa em música, podemos relacionar diferentes abordagens etnomusicológicas, como a pesquisa do próprio Sandroni (2001) sobre o nascimento do samba urbano carioca, que se baseia em uma análise musical de perspectiva sociológica, ao discutir os clichês que a memória social e os cronistas consagraram sobre o samba. Com viés antropológico, Hermano Vianna (1995, 1997) investigou o *funk* e o samba em *O mundo funk carioca* e *O mistério do samba*, respectivamente. Micael Herschmann (2005), por sua vez, pesquisou a afirmação do *funk* no Rio de Janeiro e do *hip hop* em São Paulo como importantes fenômenos urbanos juvenis dos anos 1990.

Entretanto, mesmo com essa abertura de diálogo com pesquisadores de outras áreas, músicos e jornalistas, ainda segundo Sandroni (2008), a etnomusicologia no Brasil experimentou um crescimento acadêmico significativo nos últimos 25 anos, particularmente nos cursos de pós-graduação em Música e com a atuação da Abet.

Angela Lühning (2014), em sua trajetória de pesquisa em etnomusicologia na Universidade Federal da Bahia (UFBA), destaca mais de 60 dissertações de mestrado e teses de doutorado defendidas que consolidam o interesse por esse subcampo da pesquisa em música:

> Inicialmente tratava-se mais de etnografias e estudos de caso relativos a contextos musicais bastante específicos, estudando comunidades indígenas, comunidades religiosas afro-brasileiras, tradições musicais de grupos de imigrantes, rurais e urbanas. Já nos últimos anos aqueles trabalhos que tem buscado um diálogo ainda mais direto com os protagonistas dos contextos musicais têm aumentado, mesmo que muitas das pesquisas mencionadas já eram realizadas em comunidades e contextos próximos às vivências culturais dos pesquisadores [sic]. Aos poucos este quadro foi se ampliando e começou-se a questionar a autoridade e

representatividade do pesquisador e com isso a real relevância das pesquisas acadêmicas para as comunidades envolvidas, buscando novas possibilidades de interlocução, representação, participação e colaboração. (Lühning, 2014, p. 15-16)

Conforme a pesquisadora, no atual cenário brasileiro da pesquisa etnográfica, ainda há um forte crescimento de investigações sobre a diversidade musical brasileira e as mudanças na educação musical, com as leis que determinam o ensino das culturas afro-brasileira e indígena. Ainda para a autora, os desafios atuais da etnografia no país estão nas discussões sobre temas que abordem a composição da sociedade nacional, a inserção de segmentos sociais, as identidades, as questões de gênero, as políticas educacionais e culturais, os direitos coletivos de propriedade intelectual ou conhecimentos tradicionais e o uso de tecnologias (Lühning, 2014).

Lühning também organizou, com Rosângela Tugny, o livro *Enomusicologia no Brasil* (2016), que apresenta a pesquisa em etnomusicologia por meio de textos de vários autores que se dedicaram a essa linha de pesquisa no Brasil, reunindo estudos sobre a antropologia da música.

6.3 Composição e sonologia

A composição é uma linha de pesquisa que compreende investigações sobre temas relacionados às questões poéticas e criativas da produção musical. Essa linha pressupõe discussões sobre as habilidades específicas de criação musical e a reflexão "de" e "sobre" compositores, intérpretes e instrumentistas, abordando questões reflexivas sobre autoria, *performance*, repertórios, técnicas, notação musical, análise de peças musicais, partituras, estilos e processos de composição e significação musical.

A experiência na criação e na composição musical desperta no músico o interesse por diferentes abordagens críticas e possibilidades de transformar vivências do fazer musical em temas e objetos de pesquisa, destacando-se a análise de problemas e processos de criação, influências poéticas e técnicas que se envolvem no trabalho de instrumentistas, arranjadores, compositores e letristas.

Entre as várias subáreas da pesquisa em música, a linha de composição e criação musical trata de temas e práticas da *performance*, da produção e da interpretação musical com diferentes pesquisas que centralizam uma reflexão científica sobre a experiência musical e o ato criativo. Essa linha pode, ainda, ganhar diferentes transversalidades, tendo como objeto de estudo também suas relações e articulações com a teoria e a análise musical, a educação e o ensino de composição, a sonologia, entre outras interfaces.

É possível analisar o fazer musical por suas características artísticas, como um exercício da criatividade e da percepção ou como uma ação social e política, carregada de significações de sua expressão cultural e humana. Para buscar compreender a música e a experiência musical, é preciso empregar diferentes aportes teóricos, conceitos e reflexões sobre os resultados da prática composicional em música, analisando-se a linguagem, os fundamentos da forma e da estrutura musical, as relações da composição com a interpretação, o casamento entre a melodia e a letra de uma canção, a regência, a *performance* e as técnicas instrumentais, a improvisação, a experimentação e os processos criativos e as reflexões poéticas de diferentes compositores.

Segundo Silvio Ferraz (2015), a composição musical pressupõe implicações conceituais e técnicas interdisciplinares que colocam em jogo diversas áreas e subáreas de conhecimento, bem como as outras práticas artísticas. Para o pesquisador, no universo da música, bem como da arte em geral, há um destaque para a ideia de transformar qualquer questão criativa em escolha ou reflexão poética. Porém, na pesquisa acadêmica em composição, é preciso considerar um debate conceitual mais amplo, articulando-se saberes da filosofia, da biologia, da física, da literatura, da linguística. Além disso, também se deve levar em conta as tecnologias eletrônicas e digitais na técnica composicional, relacionando-se aspectos analíticos e históricos da música na pesquisa sobre criação musical.

Vários compositores dedicaram-se à discussão desse ofício musical. Um dos tratados mais citados é a obra *Fundamentos da composição musical* (2015), de Arnold Schönberg, que apresenta uma fundamentação teórica sobre a sintaxe musical voltada para a análise e a didática da composição musical. Já em *Conversas com Igor Stravinski* (2010), o compositor Igor Stravinski dialoga com Robert Craft sobre a arte da composição, a linguagem musical e a criação, em uma reconhecida fonte de informações sobre a personalidade do artista e seu processo criativo.

No Brasil, Livio Tragtenberg (2012, 2002), por exemplo, tem vários livros e textos sobre composição e criação musical. Em *O ofício do compositor hoje* (2012), o pesquisador retrata a diversidade de experiências criativas da cena musical brasileira contemporânea, apresentando a pluralidade de suas concepções e a variedade de suas vertentes expressivas. Já em *Contraponto: arte de compor* (2002), o compositor enfatiza a importância do estudo do contraponto para o aprendizado de técnicas de composição musical. Aproximando teoria e prática e valorizando o fazer musical, Tragtenberg reúne nesse livro muitos exemplos musicais, exercícios e indicações de pesquisa, tornando-se uma referência bastante interessante para os estudiosos da composição.

Podemos destacar também o pensamento sobre composição e seu ensino de Hans-Joachim Koellreutter, compilado no livro *Introdução à estética e à composição musical contemporânea* (1987), que enfoca sua atuação como professor de estética e composição musical. Merecem menção igualmente as pesquisas de Teca Alencar de Brito sobre as ideias daquele musicólogo a respeito da educação musical, que influenciaram várias gerações de músicos e educadores brasileiros, sintetizadas no livro *Hans-Joachim Koellreutter: ideias de mundo, de música, de educação* (2015).

Além disso, há os livros de Paulo Costa Lima, que publicou dois volumes sobre a teoria e a prática do compor, em 2012 e 2014, para apresentar algumas reflexões sobre o ato de compor como desafio criador da música e sobre experiências de ensino de composição.

Por sua vez, de maneira bastante ampla, a sonologia volta-se aos aspectos tecnicistas da produção musical e abrange pesquisas sobre o material acústico em sua vinculação com as produções e atividades musicais, abordando problemas de criação/produção, análise e percepção sob a perspectiva da experimentação e do uso de tecnologias. Essa linha de pesquisa pressupõe a interdisciplinaridade nos campos das artes e das ciências, abrigando estudos de caráter analítico, crítico, estético e histórico e entrelaçando conhecimentos técnicos e tecnológicos sobre o som, a arte sonora e a ecologia acústica.

A sonologia reúne pesquisas que se dedicam ao uso de computadores na produção musical e à forma como essa nova tendência de criação promove mudanças nos modos de composição, interpretação e escuta musical. Estudam-se, ainda, o fazer musical e suas possibilidades criativas diante de novas tecnologias digitais, incluindo o computador como mais um instrumento do fazer artístico.

A sistematização dos estudos de sonologia ganhou força na década de 1950, com a música eletroacústica, representada pela música concreta francesa e pelo trabalho pioneiro do compositor francês Pierre Schaeffer (1910-1995), e com a música eletrônica alemã, representada, por exemplo, pelos compositores Herbert Eimert (1897-1972) e Karlheinz Stockhausen (1928-2007). Esses compositores utilizavam gravações de sons da natureza, de ruídos e manipulações sonoras produzidos por meio de diferentes objetos e equipamentos industriais. Afinal, desde a música concreta de Schaeffer se utilizam sons acusmáticos, isto é, que recebem tratamentos e edições digitais feitas no computador, como uma nova forma de criação musical.

No Brasil, o professor Fernando Iazzetta (2012), por exemplo, dedica-se ao estudo da música e de sua relação com as novas tecnologias, investigando a formação e as tecnologias da escuta. O autor pesquisa o fazer musical por meio do computador, compreendendo que há um processo importante a ser considerado em relação à escuta musical a partir do século XX: sua crescente mediação por aparatos tecnológicos (Iazzetta, 2012).

Os estudos em sonologia também investigam temas do ensino de música levando em conta as novas tecnologias educativas, como o vídeo, a TV e a internet. Nesse contexto, François Delalande é considerado um dos principais nomes atuais da pedagogia musical. Segundo Alessandra Cintra Alarcon e Teca Alencar de Brito (Delalande, 2019, p. 13), as propostas didáticas de Delalande priorizam as práticas criativas, e seu trabalho científico tem dois eixos principais. O primeiro se refere à análise de músicas eletroacústicas, "de uma música sem notas ou para além das notas, isto é, que parte dos sons e das condutas humanas de escuta e de produção musical", e o segundo ao nascimento e desenvolvimento dessas condutas ao longo da infância, com objetivos pedagógicos influenciados pelas ideias de Piaget. No Brasil, Daniel Marcondes Gohn (2003), por exemplo, analisa o uso das tecnologias na autoaprendizagem da música, dedicando-se especialmente à aprendizagem centrada no aluno, à videoaula, à internet e a suas ferramentas *on-line*.

Outro exemplo é o livro *Criação musical e tecnologias: teoria e prática interdisciplinar* (2010), organizado por Damián Keller e Rogério Budasz, que reúne ensaios a respeito da aplicação de tecnologias na criação musical, abrangendo questões cognitivas e de criação sonora, técnicas composicionais, utilização de instrumentos musicais digitais e computação musical.

6.4 Musicologia, estética musical e interfaces

A musicologia versa sobre questões e conceitos históricos, estéticos e teóricos em seu contexto cultural. Como apresentamos anteriormente, essa subárea se ocupa de estudos em teoria da música, teoria da composição, análise musical, estética musical, crítica, história da música e etnomusicologia. Portanto, não pode ser compreendida apenas como o estudo da música de concerto de tradição ocidental, contemplando diversas manifestações musicais de diferentes culturas, incluindo a música brasileira. Já a estética musical pensada isoladamente objetiva analisar a estrutura interna de obras musicais, sua linguagem, sua significação e seu processo de composição, conforme já definimos com base nos conceitos, nas ideias e nas teorias de Hanslick (1989), Dahlhaus (2003) e Fubini (2019).

Segundo Roberta Marvin, no livro *Historical Musicology: Sources, Methods, Interpretations* (Crist; Marvin, 2008), a musicologia utiliza diversos métodos de pesquisa, entre eles o método histórico, o método teórico e analítico, a escola textual, as pesquisas de arquivo, os estudos de terminologias, a iconografia, a *performance*, a estética, a crítica, os estudos sociais, as interfaces entre psicologia e escuta e os estudos de gênero. Tanto a musicologia tradicional quanto a nova musicologia, desenvolvida a partir dos anos 1980, com novas abordagens contemporâneas no campo musical que valorizam a diversidade de perspectivas e interpretações, além da transdisciplinaridade, entrelaçam diversas áreas de conhecimento, (re)ligando as ciências e deixando para o passado os limites e as fronteiras entre as disciplinas e os campos de conhecimento.

Conforme Régis Duprat (2007, p. 7), a musicologia surgiu como disciplina no final do século XIX, no "clima epistemológico do positivismo cientificista". Já Jean-Jacques Nattiez (2005) explica que Guido Adler a dividiu, em publicação de 1885, em duas correntes principais: a chamada *musicologia histórica*, com os estudos da notação, das formas musicais e suas evoluções, das regras de composição e da organologia; e a denominada *musicologia sistemática*, que incluía o estudo da estética, da psicologia da música, da educação musical e do que hoje chamamos de *etnomusicologia*.

Entre suas diversas correntes, a musicologia histórica tornou-se bastante presente nas pesquisas acadêmicas e publicações científicas ao abordar o estudo da história da composição musical erudita europeia. A musicologia histórica abrange o estudo documental das obras musicais e de seus compositores, por meio da análise da notação musical, de partituras e de outros documentos e textos de época relacionados à obra e à vida de um compositor. Já a sistemática se dedica à pesquisa empírica, baseada na análise do fenômeno musical como um todo, envolvendo estudos que vão da acústica até a neurociência.

No contexto contemporâneo da pesquisa em música no Brasil, é comum considerar sua prática interdisciplinar, principalmente porque os primeiros estudos que abordaram a relação entre música e história nasceram dela, enfocando com predominância os aspectos históricos e sociais da música. Entretanto, a autonomia estética da música ganhou força ao longo do tempo, sob o influxo das pesquisas musicológicas, etnomusicológicas, da educação musical e das práticas analíticas.

No panorama da produção musicológica brasileira até os anos 1980, existe uma presença marcante dos estudos dedicados ao período colonial, agrupados pela nomenclatura de *musicologia histórica*, e de trabalhos de análises musicais de repertório de concerto, elaboradas sob a égide da fundamentação teórica de ingleses e norte-americanos.

A partir da década de 1980, há uma virada na forma de abordar a delimitação temática da música popular brasileira, voltando-se a atenção para novos temas e estratégias de análise, incluindo objetos não muito prestigiados pela pesquisa histórica e a problematização de bibliografias com viés mais crítico e reflexivo, influenciados pelos estudos culturais ingleses dos anos 1960. Assim, desenvolveram-se pesquisas de campo com grupos culturais distintos, ampliando pesquisas de etnomusicologia em diálogo com outras disciplinas,

nas constantes trocas interdisciplinares que marcam o campo da música. Essa interdisciplinaridade propagou a partir desse período uma promessa de renovação e arejamento nos domínios da música e fez surgir uma série de novos desafios aos pesquisadores perante a pluralidade de pontos de vista e de escuta.

A música popular passou a ser estudada por musicólogos, etnomusicólogos, historiadores, sociólogos, antropólogos, pesquisadores em comunicação e estudiosos da *performance*, da semiótica e da linguística. Muitas vezes, os recortes temáticos dessas pesquisas visavam ao debate sobre o pós-modernismo, a globalização, os hibridismos culturais, as relações entre a música e as mídias ou entre a música e as novas tecnologias etc.

A nova abordagem histórica propõe uma expansão de temas e objetos, incluindo novos tipos de fonte com a análise de partituras, fonogramas, documentários, programas de TV, filmes etc. Além disso, expande os temas da música em suas vertentes de diversidade cultural e política. Por meio dos estudos culturais, portanto, novos objetos são integrados à pesquisa, como as questões de gênero, sexualidade, etnia, raça e nacionalidade, que são usadas na compreensão da música *pop*, dos desenhos animados, das telenovelas, da cultura *hip hop* etc. Dessa forma, a música passa a ser investigada em sua relação com a cultura, projetando-se novos paradigmas teóricos e históricos influenciados pelos estudos culturais.

Nessa perspectiva, a influência de Raymond Williams foi bastante significativa para a compreensão da teoria cultural, da história cultural, da televisão e da publicidade, com análises pautadas nas relações entre cultura e sociedade. Stuart Hall e Paddy Whannel (1964) focalizaram a cultura e a arte popular, analisando a música diante do novo contexto das "subculturas" da "geração jovem", em especial a música *pop*. Além disso, Hall (2011) explicou o processo de codificação das mensagens negando a participação passiva das audiências na recepção e investigou a identidade cultural na modernidade tardia.

Mais adiante, observa-se ainda a forte influência dos estudos teóricos da hibridização da cultura na América Latina empreendidos por Néstor García Canclini e Jesús Martín-Barbero. É deste último a obra *Dos meios às mediações: comunicação, cultura e hegemonia* (2003), publicada originalmente em 1987, texto fundador sobre a teoria das mediações nos processos culturais, sociais e econômicos presentes na produção e recepção das mensagens da mídia. Para Canclini, as relações entre as manifestações culturais – inclusive as criadas nos setores populares – e os meios de comunicação de massa e entre estes e os consumidores e cidadãos são mediadas pelas estruturas socioculturais, gerando culturas híbridas (populares e massivas, críticas e de consumo), a exemplo do *hip hop*. Seu livro *Culturas híbridas: estratégias para entrar e sair do modernismo* (1999) apresenta um importante estudo sobre a questão da modernização nos países da América Latina, levando em conta a complexidade cultural e as transformações das relações entre tradição, modernismo cultural, novas tecnologias da comunicação e modernização socioeconômica, com a redefinição das relações dos campos cultural e político.

Os estudos culturais aproveitaram ideias de Karl Marx e do estruturalismo francês, em particular de Roland Barthes, em sua crítica rigorosa para desvendar os textos da cultura sem reduzir tudo à noção de ideologia, agregando pensadores da pós-modernidade como Michel Foucault e seu debate sobre discurso e poder, Jacques Derrida e sua análise sobre a desconstrução dos produtos culturais, além da semiótica de Ferdinand de Saussure e Charles Sanders Peirce. Ainda, os estudos culturais elegeram como objeto temas muitas vezes negligenciados pela pesquisa científica de sua época, abordando diferentes questões sobre a cultura de massa e outras culturas marginalizadas, como a cultura negra.

As relações entre história e música suscitaram muitas pesquisas. No Brasil, nas últimas décadas, cresceu o interesse pelo estudo sobre a música brasileira, em suas perspectivas históricas, sociológicas, antropológicas e estético-estilísticas. Algumas pesquisas focalizam questões ideológicas sobre a música e seu contexto histórico, como o trabalho historiográfico da música popular de Arnaldo Daraya Contier (1985); os estudos de José Miguel Wisnik em "Getúlio da Paixão Cearense", capítulo do livro *O nacional e o popular na cultura brasileira: música II* (1982), que traça um painel das transformações da música urbana brasileira com uma reflexão sociológica e estética sobre o samba e o Estado Novo, revisando a relação entre nacionalismo e música brasileira; ou mesmo as pesquisas de Marcos Napolitano sobre os enlaces da canção com a história, em livros como *Seguindo a canção: engajamento político e indústria cultural na MPB, 1959-1989* (2001) e *História e música* (2002).

O tema *gênero e música* também ganhou espaço no meio acadêmico com pesquisas sobre as contribuições das mulheres na história da música. Camila Durães Zerbinatti, Isabel Porto Nogueira e Joana Maria Pedro (2018) consideram que esse debate está se estruturando no Brasil desde 1978. O estudo das autoras mapeou livros e pesquisas de pós-graduação que focalizam "mulheres, feminismos, gênero e música" no país. A pesquisadora Thais Fernandes Santos (2019) discorre sobre a temática do feminismo e da política na música erudita, com base na contabilização de mulheres e homens convidados a participar como músicos de destaque na Orquestra Sinfônica do Estado de São Paulo (Osesp). Para ela, existe um falso empoderamento feminino no meio musical, dado que a participação de mulheres ocupando as posições de regente, compositora e solista nas orquestras brasileiras é extremamente reduzida.

Também em estudos mais recentes se evidenciam questões sobre a pós-modernidade na música. Pós-modernidade é a condição sociocultural e estética que prevalece no capitalismo contemporâneo após a consequente crise das ideologias que dominaram o século XX. A primeira obra filosófica a adotar essa noção foi *A condição pós-moderna* (1989), de Jean-François Lyotard, publicada na França em 1979. Para o autor, a condição pós-moderna caracteriza-se pelo fim das "grandes narrativas" e dos "grandes esquemas explicativos", como o marxismo, o liberalismo e o cristianismo.

Vários autores se debruçaram sobre o debate do pós-modernismo na cultura. Para Fredric Jameson (2002), por exemplo, a cultura precisa ser analisada sob uma perspectiva política, investigando-se textos e práticas em relação a suas condições históricas de produção, de modo a compreender o consumo e a recepção por meio de uma metodologia marxista. Já Jean Baudrillard analisou a hiper-realidade em *Simulacros e simulações* (1995), obra referência para o filme *Matrix*, de 1999. Nela, Baudrillard aborda a "reciclagem cultural" nas mídias por meio da transformação da realidade em cópia idêntica de si mesma, calcando a noção de simulacro.

Entre os autores que analisam a cultura pós-moderna, podemos citar, ainda, a contribuição de Gilles Lipovetsky (2004), que prefere usar o termo *hipermodernidade* para enfatizar que não existiu uma ruptura com os tempos modernos. Com base nessa ideia, o filósofo analisa o aumento das características modernas de individualismo, consumismo e fragmentação. Além dele, cabe mencionar Zygmunt Bauman, que utilizou a metáfora da liquidez para descrever a época e os novos comportamentos da sociedade atual em seu livro *Modernidade líquida* (1999), consagrando a ideia de *líquido* para designar a noção de indeterminação da pós-modernidade.

Nos estudos sobre música, há desdobramentos dos debates sobre a pós-modernidade na cultura, com atenção para as novas tecnologias de produção e divulgação musical, para a velocidade do acesso à informação, para o consumismo e para o pastiche. Entre os temas, destacam-se, ainda, a questão da identidade cultural e da globalização, a cultura da convergência, a memória, o fim da indústria fonográfica e o estudo de diferentes cenas musicais, consolidando as pesquisas sobre a história cultural da música popular e suas relações com a sociedade e a indústria cultural pós-adorniana.

Cultura da convergência, por exemplo, firma-se como um termo que consegue definir transformações tecnológicas, mercadológicas, culturais e sociais. Francisco Rüdiger (2005) mapeou os principais conceitos e autores da chamada *cibercultura*, elencando desde os mais populistas tecnocráticos, como Henry Jenkins, consagrado por seu livro *Cultura da convergência* (2009), que define o novo conceito como paradigma para se entenderem as transformações midiáticas contemporâneas, até os mais cibercriticistas, que refletem sobre as conexões entre cibercultura e poder (político, social e econômico), levantando problemas e desafios dessa nova ordem social.

Para Jenkins (2009), a convergência está relacionada ao novo fluxo de conteúdos em múltiplas plataformas de mídia, expandindo mercados midiáticos e novas experiências de entretenimento e cultura. Seu livro tornou-se referência obrigatória nos estudos de comunicação e cultura, na busca pela análise das mídias participativas e interativas, que também impulsionaram o mercado da música com os novos *reality shows* da TV e a expansão do YouTube na internet. Assim, as velhas e novas mídias colidem, criando-se uma interseção entre elas e o mercado corporativo, em que o poder do produtor midiático e o poder do consumidor de mídia interagem de maneiras imprevisíveis.

Nesse contexto, Manuel Castells faz uma análise sociológica do processo de formação da internet como fenômeno técnico e social aglutinador do que classificou como a era da informação e da sociedade em rede em seu livro *A galáxia da internet* (2003), que se tornou referência inconteste para os estudos sobre música na internet. Já o crítico francês Nicolas Bourriaud (2009) empregou o termo *pós-produção* para analisar a arte contemporânea, questionando a noção de originalidade na criação artística, por exemplo, no nascimento, nos anos 1980, da cultura do DJ.

Na musicologia e na etnomusicologia, as pesquisas, sob o enfoque pós-moderno, têm salientado, na análise de Vanda Freire (2010b), a concepção de desterritorialização da cultura, os hibridismos culturais por meio da música e a pluralidade de documentos, considerando como fontes relatos subjetivos, *performances* e diferentes registros audiovisuais e valorizando a música popular e sua circulação nas mídias. Em suas palavras,

> Podemos, sob essa linha de abordagem, nos defrontar, com alguma frequência, com pesquisas que abrangem as práticas musicais e não apenas a "música em si", que focalizam diferentes manifestações e estéticas musicais, sem priorizar a música de concerto e sem tentar caracterizar essa música como "universal", que problematizam conceitos antes considerados estáveis, como os de "estilo" ou "contexto", entre outros. (Freire, 2010b, p. 87)

Com esse viés, vários pesquisadores brasileiros debruçaram-se sobre o estudo da música na era pós-moderna focalizando as mídias, em particular o rádio, a TV e suas relações com a produção fonográfica. Carmen Lucia José (2002) analisou como a pós-modernidade é brega ao investigar o brega como comportamento massificado de consumo, retomando o conceito de indústria cultural para entender o brega, o *kitsch* e o chique na canção brasileira romântica de Amado Batista a Leandro e Leonardo. Márcia Tosta Dias (2000) examinou a importância da música no processo de mundialização da cultura, diante da globalização econômica, do impacto das novas tecnologias de produção e das novas dinâmicas da indústria cultural dos anos 1970 aos anos 1990, que marcaram as transformações da indústria fonográfica brasileira.

No âmbito da criação musical, ainda conforme Freire (2010b), as pesquisas, sob o enfoque pós-moderno, têm valorizado, entre outros aspectos, a legitimação de diferentes técnicas de criação e diferentes sonoridades e sistemas musicais, segundo uma visão pluralista de estética e de cultura, bem como as abordagens de análise musical não subordinadas ao enfoque europeu e ao sistema tonal.

Já no que se refere às práticas interpretativas, de acordo com a pesquisadora, os estudos ressaltam, por exemplo, a relativização dos pontos de vista estéticos e sua aplicação na *performance*, abrangendo conceitos como estética da recepção e pontos de escuta (maior subjetivismo, menor submissão ao texto/partitura). Também ganha destaque o reconhecimento de fonogramas e outros registros audiovisuais como documentos importantes, considerados fontes significativas de informação primária, capazes de propiciar diferentes experiências e percepções de *performance*.

Alexandre Almeida (2011), por exemplo, analisa a *performance* e a interpretação musical na música de concerto ocidental, salientando aspectos como a visão de música como processo aberto e colaborativo e o entendimento de *performance* musical como ato em que a obra se integraliza com qualidades singulares. O autor valoriza, assim, a música como arte performativa em que composição e interpretação musical se tornam instâncias irmanadas.

Fausto Borém e Sonia Ray (2012) apresentaram um panorama da pesquisa em *performance* musical no Brasil entre 2000 e 2012, por meio de um levantamento da produção acadêmica, investigando publicações em periódicos da área de música (*Per Musi*, *Opus* e *Música Hodie*) e em anais dos principais eventos científicos nacionais de música em que a *performance* é destacada (Associação Nacional de Pesquisa e Pós-Graduação em Música – Anppom, Seminário Nacional de Pesquisa em Performance Musical – SNPPM, Simpósio Internacional de Cognição e Artes Musicais – Simcam, Seminário Nacional de Pesquisa em Música – Sempem, Simpósio Brasileiro de Pós-Graduandos em Música – Simpom e Simpósio Internacional de Musicologia da Universidade Federal do Rio de Janeiro), bem como alguns trabalhos de conclusão de programas de pós-graduação *stricto sensu* em Música.

Também no âmbito das leituras e análises sobre o impacto da pós-modernidade, destacam-se pesquisas sobre educação musical que geram aproximação com outros campos de conhecimento, como no caso do emprego de abordagens etnográficas, em que se trazem a cultura e o cotidiano para o foco de interesse. Outro exemplo é a análise da música diante da filosofia da educação e da pedagogia, focalizando-se um debate sobre a necessidade da educação democrática, integral e inclusiva com o desenvolvimento da profissão do docente de música, além da importância da valorização e da expansão do ensino de música na escola básica brasileira.

6.5 Teoria e análise musical

A teoria musical nasceu na Grécia Antiga e desenvolveu-se ao longo do tempo na busca pela compreensão sobre o aspecto formal da música, sendo propostas concepções sobre harmonia, melodia e estruturas musicais. Os teóricos que se dedicaram à música abordaram os elementos musicais até sua *performance* prática, centrando-se no estudo da estrutura da música. Segundo Claude Palisca, em sua definição para o *The New Grove Dictionary of Music Online* (Oxford Music Online, 2022), a estrutura da música é constituída por melodia, ritmo, contraponto, harmonia e forma, além de seus sistemas tonais, escalas, afinação e intervalos, abrangendo a composição, a execução, a orquestração, a improvisação e novas produções sonoras eletrônicas.

Desse modo, as variadas teorias musicais desenvolvem-se ao longo do tempo em sua expressão prática, isto é, a análise musical. Os estudos teórico-analíticos, portanto, buscam a melhor compreensão do fenômeno musical, considerando-se suas implicações e sua recepção. A teoria é responsável por criar ferramentas, conceitos-chave e parâmetros para a análise, área que, por sua vez, dedica-se ao estudo detalhado e delimitado de técnicas e procedimentos composicionais em seus diversos contextos históricos. Assim, em síntese, a análise aborda a constituição e as possíveis relações dos elementos formativos da música.

A partir da consolidação dos cursos de graduação e pós-graduação em Música, a teoria musical transformou-se em disciplina e ganhou expansão em sua definição e aplicação tanto para o ensino quanto para a pesquisa, como analisou Irna Priore (2013). Segundo a pesquisadora, em um primeiro momento, a teoria musical assumiu uma postura radical de diferenciação em relação à musicologia, concentrando-se no estudo da estrutura musical (pós-tonal, estudos acústicos, decifração de partituras etc.) com um discurso musical que não se preocupava com o contexto histórico-social. Todavia, isso foi se alterando com o passar do tempo.

De acordo com Priore (2013), a teoria musical ganhou novos rumos na contemporaneidade, mostrando-se mais preocupada com o rigor científico, com os métodos de análise, com o impulso das novas tecnologias e da internet e com a influência de contextos socioculturais. Nesse sentido, surgiram novas subáreas da teoria ou subcampos, como a história da teoria, a percepção e a cognição, as teorias da filosofia, a teoria da *performance*, as teorias da pedagogia, a semiótica e a estética. Para a autora, o contexto universitário é um espaço criativo que possibilita o surgimento constante de novos conceitos e novas teorias em busca de uma melhor compreensão do passado e do presente e de projeções para pensar a música do futuro.

Dessa maneira, a linha de pesquisa de teoria e análise musical passou a dedicar-se aos estudos sobre métodos e práticas de compositores, investigando linguagem, estilo, gênero, arranjo, época, localidade e aspectos culturais, mercadológicos, políticos e ideológicos das obras.

As atuais pesquisas em teoria e análise musical podem ser investigadas por meio do trabalho da Associação Brasileira de Teoria e

Análise Musical (TeMA), que agrupa estudos de diferentes abordagens hermenêuticas, cognitivas, sistemáticas e históricas, integrando as perspectivas do ouvinte, do compositor, do executante e do educador. A associação promove conferências e desenvolve publicações impressas e eletrônicas, propiciando o diálogo e o intercâmbio entre pesquisadores brasileiros e estrangeiros. Além disso, mantém um canal no YouTube para a divulgação de materiais.

No portal da associação (TeMA, 2022), é possível navegar pelo conteúdo da revista *Musica Theorica*, dos anais dos congressos e da série de livros eletrônicos dos congressos da TeMA, publicação temática bienal que compila ensaios apresentados em conferências, exposições em mesas-redondas ou fóruns de debates temáticos. Entre eles está *A experiência musical: perspectivas teóricas* (2019), organizado por Ilza Nogueira e Valério Fiel da Costa, terceiro volume da coletânea, relativo ao III Encontro da TeMA (2018), que se voltou à discussão acerca da música brasileira, em perspectivas teóricas e analíticas. O segundo volume, intitulado *Teoria e análise musical em perspectiva didática* (2017), foi organizado por Ilza Nogueira e Guilherme Sauerbronn de Barros, com ensaios derivados da programação do II Congresso da TeMA (2017), evento que discutiu as idiossincrasias, as vicissitudes e as estratégias metodológicas de teoria e análise musical. Entre os assuntos e questões examinadas, conforme a apresentação de seus organizadores, destacam-se temas contemporâneos, como aula interativa e invertida; aprendizagem cooperativa; metodologias ativas, críticas e engajadas; utilização de novas tecnologias e novos meios de intercomunicação; e relações entre o conhecimento teórico e a cultura. Também é uma fonte pertinente o primeiro volume, organizado por Ilza Nogueira e Fausto Borém, intitulado *O pensamento musical criativo: teoria, análise e os desafios interpretativos da atualidade* (2015), relativo ao I Congresso da TeMA (2014), com ensaios sobre teorias composicionais contemporâneas e o ensino de composição, a análise musical como discurso crítico e as perspectivas da contemporaneidade nas pesquisas em teoria e análise musical.

Teoria e análise musical são também ferramentas metodológicas para as pesquisas em música das mais diversas linhas de pesquisa e suas vertentes. De fato, existe uma multiplicidade de interfaces estabelecidas com o campo de teoria e análise musical que deve expandir-se ainda mais na pesquisa em música ao longo do século XXI e tornar mais complexa a delimitação de fronteiras e especificidades das linhas de pesquisa da área, fazendo da interdisciplinaridade, com suas interações teóricas e metodológicas, uma característica irreversível.

▷▷ Resumo da ópera

Neste capítulo, verificamos as características essenciais das principais linhas de pesquisa da área de música, indicando algumas referências fundamentais e reflexões atuais que introduzem seus aportes históricos e teóricos básicos.

A linha de pesquisa de educação musical reúne investigações sobre o ensino de música, suas pedagogias e métodos de ensino e aprendizagem, recursos de tecnologias, novos currículos, experiências aplicadas na educação básica até o ensino superior ou mesmo em atividades de extensão universitária e pós-graduação, cursos livres e escolas especializadas em música.

A investigação em etnomusicologia, marcada por pesquisas de campo e estudos de caso, compreende trabalhos de tematização etnológica e o estudo da música na cultura, com uma abordagem multidisciplinar com o suporte da antropologia e da sociologia. Já a linha de pesquisa de composição agrupa estudos sobre questões poéticas e criativas da produção musical, principalmente com a discussão sobre a criação de compositores, intérpretes e instrumentistas, abordando reflexões sobre autoria, *performance*, repertórios, técnicas, notação musical, análise de peças musicais, partituras, estilos e processos de composição e significação musical. Em sonologia, as pesquisas analisam o uso de computadores e de novas tecnologias digitais na produção musical e as mudanças que essa nova tendência de criação promove nos modos de composição, interpretação e escuta musical.

A musicologia é uma linha de pesquisa muito ampla e plural, que trata de questões e conceitos históricos, estéticos e teóricos em seu contexto cultural. Com várias vertentes e interfaces, a musicologia dialoga com outras áreas de conhecimento e outras subáreas da pesquisa em música. Por fim, a linha de pesquisa de teoria musical concentra-se no aspecto formal da música e tem na análise musical sua expressão prática. No entanto, os estudos teórico-analíticos ganharam novos rumos na contemporaneidade, ampliando seus métodos de análise diante das novas tecnologias e das influências de contextos socioculturais.

Teste de som

1. Indique se as afirmativas a seguir são verdadeiras (V) ou falsas (F) e, depois, assinale a opção que apresenta a sequência correta:
   ( ) A musicologia pode ser definida em relação ao método ou ao seu objeto de estudo acadêmico e científico, considerando sempre a música como fenômeno principalmente estético e cultural, com estudos históricos, estéticos e teóricos em seu contexto cultural.
   ( ) A etnomusicologia trata das manifestações sonoras e musicais de culturas diversas do mundo, em diálogo com a antropologia. Promove debates sobre a identidade cultural, a cultura oral e a música como cultura, valorizando quem a produz.
   ( ) A linha de teoria e análise musical dedica-se ao estudo dos métodos e das práticas de compositores, investigando estilo, gênero, arranjo, época, localidade e necessidade mercadológica ou ideológica das obras.
   ( ) A educação musical visa refletir sobre as experiências e as potencialidades pedagógicas do ensino e aprendizagem da música nas escolas, do ensino fundamental ao superior, sem ignorar escolas e cursos livres.
   a) V, V, F, V.
   b) V, F, V, F.
   c) V, V, V, V.
   d) F, V, F, F.
   e) V, V, V, F.

2. Indique se as afirmativas a seguir são verdadeiras (V) ou falsas (F) e, depois, assinale a opção que apresenta a sequência correta:

( ) *Teoria musical* ou *teoria da música* é o nome dado a qualquer sistema utilizado para analisar, classificar, compor e compreender a música. Contudo, não existe uma teoria da música unificada que cubra todos os seus aspectos e seja universalmente aceita, e sim diferentes conceitos e paradigmas estéticos, desdobrando-se em perspectivas e linhas de pesquisa em música.

( ) As implicações da teoria, da estética e da história da música apresentam uma grande diversidade de ideias e discussões que agregam referências da filosofia, da sociologia, da educação, da política, da literatura e das outras artes, além de questões mais específicas, como a prática instrumental e estilística.

( ) A experiência musical pode proporcionar ao aluno de graduação diferentes abordagens críticas e possibilidades de vivenciar experiências do fazer musical, tanto como instrumentista, arranjador e compositor quanto como pesquisador.

( ) Entre as várias subáreas da pesquisa em música, a *performance*, a criação e a interpretação musical promovem diferentes pesquisas que centralizam uma reflexão científica sobre a experiência musical.

a) V, V, F, V.
b) V, F, V, F.
c) V, V, V, V.
d) F, V, F, F.
e) V, V, V, F.

3. Assinale a alternativa que melhor define o enfoque pós-moderno na pesquisa em música:
   a) A concepção de desterritorialização da cultura, os hibridismos culturais por meio da música e a pluralidade de documentos, considerando-se como fontes relatos subjetivos, *performances*, diferentes registros audiovisuais, com a valorização da música popular e sua circulação nas mídias.
   b) A ideia de que a música erudita ocidental é a verdadeira expressão de uma cultura.
   c) A concepção de que a interdisciplinaridade da pesquisa em música prejudica o crescimento do campo de conhecimento.
   d) A ideia de que a música popular não sobreviveu às engrenagens da indústria cultural na era pós-moderna.
   e) A concepção de que a música deve ser estudada apenas por meio da análise de seus elementos constitutivos, com vistas a um entendimento sobre sua forma e seu significado.

4. Assinale a alternativa correta:
   a) A etnomusicologia trabalha com a análise de canções folclóricas, história oral, identidade, estudos culturais e tradições musicais de povos e culturas.
   b) A etnomusicologia analisa a música africana, mas não investiga a herança cultural indígena no Brasil.
   c) A etnomusicologia atual pesquisa apenas os universos musicais fora da própria cultura e origem do pesquisador, com a análise da música de povos não ocidentais por pesquisadores ocidentais.

d) A etnomusicologia no Brasil não reconhece a diversidade cultural dos diferentes estados, cidades e territórios nacionais.

e) A etnomusicologia estuda a ética na musicologia histórica do Ocidente.

5. Assinale a alternativa que melhor define a musicologia:
   a) A musicologia analisa o uso de computadores e de novas tecnologias digitais na produção musical.
   b) A musicologia é uma nova tendência de estudos da música em seus modos de composição, interpretação e escuta musical.
   c) A musicologia é uma teoria ampla e interdisciplinar que aborda questões e conceitos históricos, mas não estéticos.
   d) A musicologia é uma linha de pesquisa muito ampla e plural que aborda a estética musical sem utilizar conceitos históricos e teóricos.
   e) A musicologia conta com diferentes vertentes e interfaces, dialogando com outras áreas de conhecimento e outras subáreas da pesquisa em música.

Treinando o repertório

Pensando na letra

1. Faça um levantamento de temas e objetos de pesquisa em música conforme as principais linhas de pesquisa apresentadas neste capítulo.

2. Redija um texto de uma página sobre a importância da pesquisa em educação musical hoje.

Som na caixa

1. Escolha uma linha de pesquisa e apresente suas principais características, indicando brevemente algumas referências fundamentais de livros, artigos científicos, teses e textos de anais de congressos que também contextualizem as novas pesquisas nessa linha.

CONSIDERAÇÕES FINAIS

Pesquisar é procurar uma informação. Por isso, a pesquisa se inicia com a consulta de livros, revistas, textos e *sites* na internet e com a busca por documentos e pessoas, geralmente especialistas e estudiosos sobre o assunto. Desse modo, pesquisar, em seu sentido mais amplo, é procurar saber.

A pesquisa científica também se inicia como qualquer outra pesquisa: a partir da vontade de saber e da busca investigativa sobre uma informação que se quer compreender. A diferença está primordialmente em seu método, dado que a pesquisa científica tem por objetivo responder a uma questão norteadora, chamada de *problema*, e verificar uma hipótese delineada como uma possível resposta para essa questão inicial, por meio de procedimentos e técnicas que integram o que denominamos *metodologia científica*.

Ao longo deste livro, vimos que a metodologia científica reúne diferentes abordagens, técnicas e processos que auxiliam a ciência na produção sistemática de conhecimento. Nesse sentido, a metodologia científica tem um papel fundamental na construção do conhecimento na área de música, tornando-se um instrumento essencial para pensar a música de ontem e de hoje. Ela introduz o pesquisador no universo dos procedimentos sistemáticos e racionais, base de formação tanto do estudioso quanto do profissional, ampliando sua atuação no campo musical.

A pesquisa em música é um grande desafio para a universidade brasileira, tanto do ponto de vista filosófico quanto do operacional, principalmente ao se considerar que, ao longo de sua história, a música teve distintos significados, matizes e expressões. Durante muitos séculos, essa arte foi tema da filosofia e ganhou envergadura teórica com conceitos, reflexões e análises críticas e formais. Ela também sempre foi discutida de maneira interdisciplinar, tornando possível o diálogo e a colaboração entre disciplinas diferentes em seu estudo, com base em diversos campos de conhecimento e na articulação das ciências e das artes. Mais recentemente, nos enlaces da pós-modernidade, a pesquisa em música tornou-se transdisciplinar, buscando estabelecer conexões com outros subsistemas externos ao domínio científico, em complexas interações com os sistemas políticos, econômicos, culturais e artísticos.

Para iniciar uma pesquisa, é preciso elaborar um projeto. Por isso, neste livro, dedicamos uma atenção especial à construção do projeto científico, entendendo-o como um plano de ação. É preciso saber escrever bem um projeto de pesquisa para iniciar um planejamento da atividade como pesquisador e para pleitear a obtenção de recursos financeiros em agências de fomento e universidades e continuar os estudos na pós-graduação.

De maneira geral, não existe iniciação à pesquisa em música se não houver um projeto de pesquisa, dado que todo pensamento começa com um problema e o projeto é um documento que sintetiza a proposta de pesquisa.

Como afirmamos na introdução do livro, na área de música, é imprescindível que o jovem pesquisador tenha curiosidade, criatividade, senso crítico e questionador, postura ética e gosto pela leitura. Não basta apenas gostar de música. É necessário gostar de pensar a música. Para isso, é fundamental ler muito, participar de eventos científicos da área de música e construir pouco a pouco um amplo repertório teórico, cultural e artístico.

Nesse sentido, a pesquisa na graduação tem o papel de ensinar ao aluno a pensar a música com autonomia, reflexão crítica e potência inovadora. A pesquisa na graduação possibilita ao aluno aprender melhor o conteúdo abordado ao longo do curso, tornando-o um profissional capaz de utilizar a pesquisa como processo permanente de renovação de suas habilidades e competências em sua área de formação.

Ademais, a convivência entre o professor orientador e o orientando no processo de desenvolvimento do projeto e redação dos resultados da pesquisa (monografias, relatórios finais, artigos científicos) é o mais rico processo de ensino e aprendizagem que existe, tanto na graduação quanto na pós-graduação. O papel mais importante do orientador é guiar o aluno em seu caminho de autonomia na argumentação, na articulação teórica e conceitual, na análise crítica e sistemática dos vínculos da teoria com a prática da criação musical, de modo a atingir sua emancipação.

Afinal, o conhecimento científico é o melhor e mais poderoso instrumento de inovação de uma sociedade, de sua cultura e de sua arte. Portanto, o principal desafio da pesquisa em música é construir uma cultura de pesquisa que faça a diferença, tanto no campo específico quanto nas esferas sociais, culturais e educacionais.

REFERÊNCIAS

ABEM – Associação Brasileira de Educação Musical. Disponível em: <http://www.abemeducacaomusical.com.br/index.asp>. Acesso em: 22 fev. 2022.

ABET – Associação Brasileira de Etnomusicologia. Disponível em: <https://www.abet.mus.br/>. Acesso em: 22 fev. 2022.

ADORNO, T. W. **Educação e emancipação**. Tradução de Wolfgang Leo Maar. São Paulo: Paz e Terra, 1995.

ADORNO, T. W. **Essays on Music**. Berkeley: Califórnia Press, 2002.

ADORNO, T. W. **Filosofia da nova música**. Tradução de Magda França. São Paulo: Perspectiva, 2011a.

ADORNO, T. W. **Introdução à sociologia da música**: doze preleções teóricas. Tradução de Fernando R. de Moraes Barros. São Paulo: Ed. da Unesp, 2017.

ADORNO, T. W. **Minima moralia**. São Paulo: Ática, 1993.

ADORNO, T. W. O fetichismo da música e a regressão da audição. In: ADORNO, T. W. **Textos escolhidos**. Tradução de Zeljko Loparic et al. São Paulo: Abril Cultural, 1996. p. 65-108. (Coleção Os Pensadores).

ADORNO, T. W. **Prismas**: crítica cultural e sociedade. São Paulo: Ática, 1998.

ADORNO, T. W. **Teoria estética**. Tradução de Artur Morão. Lisboa: Edições 70, 2011b.

ADORNO, T. W.; HORKHEIMER, M. **Dialética do esclarecimento**: fragmentos filosóficos. Tradução de Guido Antonio de Almeida. Rio de Janeiro: Zahar, 1997.

AGOSTINHO, S. **Sobre a música**. Tradução de Felipe Lesage. Campinas: Ecclesiae, 2019.

ALDROVANDI, L. **Música e mimese**. São Paulo: Perspectiva, 2019.

ALLEN, W. D. **Philosophies of Music**: a Study of General Histories of Music 1600-1960. New York: Dover Publications, 1962.

ALMEIDA, A. Z. Por uma visão de música como performance. **Opus**, Porto Alegre, v. 17, n. 2, p. 63-76, dez. 2011. Disponível em: <https://www.anppom.com.br/revista/index.php/opus/article/view/201/181>. Acesso em: 22 fev. 2022.

ALMEIDA, R. **História da música brasileira**. Rio de Janeiro: Briguiet, 1926.

ALVIM, L. **A música no cinema de Robert Bresson**. Curitiba: Appris, 2017.

AMARAL, K. F. **Pesquisa em música e educação**. São Paulo: Loyola, 1991.

ANDRÉ, M. (Org.). **O papel da pesquisa na formação de professores**. Campinas: Papirus, 2001.

ANDRÉ, M. **Etnografia da prática escolar**. Campinas: Papirus, 2010.

ANPPOM – Associação Nacional de Pesquisa e Pós-Graduação em Música. Disponível em: <https://anppom.org.br/>. Acesso em: 15 fev. 2022.

ARISTÓTELES. **Poética**. São Paulo: Abril Cultural, 1979.

ARISTÓTELES. **Política**. Tradução de Pedro Constantin Tolens. São Paulo: M. Claret, 2017.

ASSIS, A. C et al. Música e história: desafios da prática interdisciplinar. In: BUDASZ, R. (Org.). **Pesquisa em música no Brasil**: métodos, domínios, perspectivas. Goiânia: Anppom, 2009. p. 5-39. (Série Pesquisa em Música no Brasil, v. 1). Disponível em: <https://www.anppom.com.br/ebooks/index.php/pmb/catalog/view/1/2/16-1>. Acesos em: 15 fev. 2022.

AZEVEDO, L. H. C. de. **150 anos de música no Brasil (1800-1950)**. Rio de Janeiro: J. Olympio, 1956.

BARROS, F. de M. **O pensamento musical de Nietzsche**. São Paulo: Perspectiva/Fapesp, 2007.

BARTHES, R. **Elementos de semiologia**. São Paulo: Cultrix, 1989.

BATTISTI, D. **Novas pedagogias musicais**. Curitiba: Contentus, 2020.

BAUDRILLARD, J. **Simulacros e simulações**. Tradução de Maria João Pereira. Lisboa: Relógio d'Água, 1995.

BAUER, M. W.; GASKELL, G. (Org.). **Pesquisa qualitativa com texto, imagem e som**: um manual prático. Petrópolis: Vozes, 2015.

BAUMAN, Z. **Modernidade líquida**. Tradução de Plínio Dentzien. Rio de Janeiro: Zahar, 1999.

BENJAMIN, W. A obra de arte na época de sua reprodutibilidade técnica. In: BENJAMIN, W. **Magia e técnica, arte e política**. São Paulo: Brasiliense, 1994. p. 165-196.

BEYER, E. **A abordagem cognitiva em música**: uma crítica ao ensino da música a partir da teoria de Piaget. 188 f. Dissertação (Mestrado em Educação) – Universidade Federal do Rio Grande do Sul, Porto Alegre, 1988.

BINDER, F.; CASTAGNA, P. Teoria musical no Brasil: 1734-1854. SIMPÓSIO LATINO-AMERICANO DE MUSICOLOGIA, 1., Curitiba, 1997. **Anais**... Curitiba: Fundação Cultural de Curitiba, 1998. p. 198-217. Disponível em: <https://archive.org/details/TeoriaMusicalNoBrasil-1734-1854>. Acesso em: 3 mar. 2022.

BLACKING, J. Música, cultura e experiência. Tradução de André-Kees de Moraes Schouten. **Cadernos de Campo**, São Paulo, v. 16, n. 16, p. 201-218, 2007. Disponível em: <https://www.revistas.usp.br/cadernosdecampo/article/view/50064/55695>. Acesso em: 18 fev. 2022.

BORÉM, F.; RAY, S. Pesquisa em performance musical no Brasil no século XXI: problemas, tendências e alternativas. In: SIMPÓSIO BRASILEIRO DE PÓS-GRADUANDOS EM MÚSICA, 2., 2012. **Anais**... Rio de Janeiro: Unirio, 2012. p. 121-168. Disponível em: <http://www.seer.unirio.br/simpom/article/view/8033>. Acesso em: 2 fev. 2022.

BOURDIEU, P. **Os usos sociais da ciência**: por uma sociologia clínica do campo científico. Tradução de Denice Barbara Catani. São Paulo: Ed. da Unesp, 2004.

BOURRIAUD, N. **Pós-produção**: como a arte reprograma o mundo contemporâneo. Tradução de Denise Bottmann. São Paulo: M. Fontes, 2009.

BRITO, T. A. de. **Hans-Joachim Koellreutter**: ideias de mundo, de música, de educação. São Paulo: Edusp; Peirópolis, 2015.

BUDASZ, R. (Org.). **Pesquisa em música no Brasil**: métodos, domínios, perspectivas. Goiânia: Anppom, 2009. (Série Pesquisa em Música no Brasil, v. 1). Disponível em: <https://www.anppom.com.br/ebooks/index.php/pmb/catalog/view/1/2/16-1>. Acesos em: 15 fev. 2022.

BURKE, P. **O que é história cultural**. Tradução de Sergio Goes de Paula. Rio de Janeiro: Zahar, 2005.

BURNETT, H. **Nietzsche, Adorno e um pouquinho de Brasil**: ensaios de filosofia e música. São Paulo: Ed. da Unifesp, 2011.

CANCLINI, N. G. **Culturas híbridas**: estratégias para entrar e sair do modernismo. Tradução de Heloísa Pezza Cintrão e Ana Regina Lessa. São Paulo: Edusp, 1999.

CAPES – Coordenação de Aperfeiçoamento de Pessoal de Nível Superior. Portal de Periódicos Capes/MEC. Disponível em: <https://www-periodicos-capes-gov-br.ezl.periodicos.capes.gov.br/index.php?>. Acesso em: 21 fev. 2022.

CARRASCO, N. **Sygkhronos**: a formação da poética musical do cinema. São Paulo: Via Lettera/Fapesp, 2003.

CARVALHO, M. A canção como protagonista das mídias: música italiana e romantismo no Brasil dos anos de chumbo. **Música Popular em Revista**, Campinas, v. 6, p. 207-211, 2019. Disponível em: <https://econtents.bc.unicamp.br/inpec/index.php/muspop/article/view/13155/8558>. Acesso em: 14 fev. 2022.

CARVALHO, M. **A canção no cinema brasileiro**. São Paulo: Alameda/Fapesp, 2015.

CARVALHO, M. A trilha sonora do cinema: proposta para um "ouvir" analítico. **Caligrama**, São Paulo, v. 3, 2007. Disponível em: <http://www.revistas.usp.br/caligrama/article/view/65388>. Acesso em 15 fev. 2022.

CARVALHO, M. C. M. de (Org.). **Construindo o saber**: metodologia científica –fundamentos e técnicas. 24. ed. Campinas: Papirus, 2012.

CASTAGNA, P. A musicologia enquanto método científico. **Revista do Conservatório de Música da UFPel**, Pelotas, n. 1, p. 7-31, dez. 2008. Disponível em: <https://periodicos.ufpel.edu.br/ojs2/index.php/RCM/article/view/2430/2281>. Acesso em: 17 fev. 2022.

CASTELLS, M. **A galáxia da internet**: reflexões sobre a internet, os negócios e a sociedade. Tradução de Maria Luiza X. de A. Borges. Rio de Janeiro: Zahar, 2003.

CHION, M. **L'audio-vision**: son et image au cinéma. Paris: Armand Colin, 1990.

CHION, M. **La musique au cinéma**. Paris: Fayard, 1995.

CHION, M. **Un art sonore, le cinéma**: histoire, esthétique, poétique. Paris: Cahiers du Cinéma, 2003.

CONTIER, A. D. Edu Lobo e Carlos Lyra: o nacional e o popular na canção de protesto (os anos 60). **Revista Brasileira de História**, v. 18, n. 35, p. 13-52, 1998. Disponível em: <https://www.scielo.br/j/rbh/a/bRxjc4sgdJBPFNPzMHHVNMd/?lang=pt>. Acesso em: 3 mar. 2022.

CONTIER, A. **Música e ideologia no Brasil**. São Paulo: Novas Metas, 1985.

COOK, N. Entre o processo e o produto: música e/enquanto performance. Tradução de Fausto Borém. **Per Musi**, Belo Horizonte, n. 14, p. 5-22, jul./dez. 2006.

CRIST, S. A.; MARVIN, R. M. **Historical Musicology**: Sources, Methods, Interpretations. Rochester: University of Rochester Press, 2008.

DAHLHAUS, C. **Estética musical**. Tradução de Artur Morão. Lisboa: Edições 70, 2003.

DELALANDE, F. François Delalande: a pedagogia do despertar musical. **Literartes**, São Paulo, n. 10, p. 13-32, 2019. Entrevista concedida a T. A. de Brito e A. C. Alarcon.

DELALANDE, F. **Las conductas musicales**. Santander: Editorial de la Universidad de Cantabria, 2013.

DEL-BEN, L. (Para) Pensar a pesquisa em educação musical. **Revista da Abem**, Porto Alegre, v. 24, p. 25-33, set. 2010.

DEMO, P. **Metodologia da investigação em educação**. Curitiba: InterSaberes, 2013.

DIAS, M. T. **Os donos da voz**: indústria fonográfica brasileira e mundialização da cultura. São Paulo: Boitempo, 2000.

DUARTE, R. A aconceptualidade da música em Kant e suas ressonâncias: Hegel e Adorno. In: MARQUES, U. R. A. (Org.). **Kant e a música**. São Paulo: Barcarolla, 2010. p. 281-299.

DUPRAT, R. A musicologia à luz da hermenêutica. **Claves**, n. 3, p. 7-19, maio 2007.

ENCICLOPÉDIA da música brasileira: popular, erudita e folclórica. 3. ed. São Paulo: Art Editora/ Publifolha, 2003.

FERRAZ, S. Composição musical como campo de diálogo: para além das disciplinas. **Revista da Fundarte**, ano 15, n. 29, p. 150-159, jan./jun. 2015. Disponível em: <https://seer.fundarte.rs.gov.br/index.php/RevistadaFundarte/article/view/314/415>. Acesso em: 22 fev. 2022.

FIGUEIREDO, S.; SOARES, J.; SCHAMBECK, R. F. (Ed.). **The Preparation of Music Teachers**: a Global Perspective. Porto Alegre: Anppom, 2015. (Série Pesquisa em Música no Brasil, v. 5). Disponível em: <https://www.anppom.com.br/ebooks/index.php/pmb/catalog/view/5/7/35-1>. Acesso em: 15 fev. 2022.

FONTERRADA, M. T. de O. **De tramas e fios**: um ensaio sobre música e educação. 2 ed. São Paulo: Ed. da Unesp; Rio de Janeiro: Funarte, 2008.

FREIRE, V. L. B. (Org.). **Horizontes da pesquisa em música**. Rio de Janeiro: 7 Letras, 2010a.

FREIRE, V. L. B. Pesquisa em música e interdisciplinaridade. **Música Hodie**, v. 10, n. 1, p. 81-92, 2010b.

FREIRE, V. L. B.; CAVAZOTTI, A. **Pesquisa em música**: novas abordagens. Belo Horizonte: Escola de Música da UFMG, 2007.

FUBINI, E. **Estética da música**. Tradução de Sandra Escobar. Lisboa: Edições 70, 2019.

FUBINI, E. **L'estetica musicale dal Settecento a oggi**. Torino: Piccola Biblioteca Einaudi, 2001.

FUCCI-AMATO, R. de C. **Escola e educação musical**: (des)caminhos históricos e horizontes. Campinas: Papirus, 2015a.

FUCCI-AMATO, R. de C. **Santo Agostinho**: Deus e música. Curitiba: Prismas, 2015b.

GAÚNA, R. **Rogério Duprat**: sonoridades múltiplas. São Paulo: Ed. da Unesp, 2002.

GIL, A. C. **Como elaborar projetos de pesquisa**. São Paulo: Atlas, 2018.

GOHN, D. M. **Autoaprendizagem musical**: alternativas tecnológicas. São Paulo: Annablume, 2003.

GORBMAN, C. **Unheard Melodies**: Narrative Film Music. Bloommington: Indiana University Press, 1987.

GROUT, D. J.; PALISCA, C. V. **História da música ocidental**. Tradução de Ana Luísa Faria. Lisboa: Gradiva, 2007.

GUINSBURG, J. (Org.). **A República de Platão**. São Paulo: Perspectiva, 2018.

HALL, S.; WHANNEL, P. **The Popular Arts**. London: Hutchinson, 1964.

HALL, S. **A identidade cultural na pós-modernidade**. Tradução de Tomaz Tadeu da Sila e Guaracira Lopes Louro. Rio de Janeiro: DP&A, 2011.

HANSLICK, E. **Do belo musical**. Tradução de Nicolino Simone Neto. Campinas: Ed. da Unicamp, 1989.

HEGEL, G. W. F. **Cursos de estética**. São Paulo: Edusp, 2014.

HEGEL, G. W. F. **Os pensadores**. São Paulo: Nova Cultural, 1996.

HERSCHMANN, M. **O funk e o hip hop invadem a cena**. Rio de Janeiro: Ed. da UFRJ, 2005.

HORKHEIMER, M. **Eclipse da razão**. Tradução de Sebastião Uchoa Leite. Rio de Janeiro: Labor do Brasil, 1976.

IAZZETTA, F. Da escuta mediada à escuta criativa. **Revista Contemporânea: Comunicação e Cultura**, v. 10, n. 1, p. 10-34, jan./abr. 2012. Disponível em: <https://periodicos.ufba.br/index.php/contemporaneaposcom/article/view/5786/4371>. Acesso em: 3 mar. 2022.

JAMESON, F. **Pós-modernismo**: a lógica cultural do capitalismo tardio. Tradução de Maria Elisa Cevasco. São Paulo: Ática, 2002.

JENKINS, H. **Cultura da convergência**. Tradução de Susana Alexandria. São Paulo: Aleph, 2009.

JOSÉ, C. L. **Do brega ao emergente**. São Paulo: Nobel, 2002.

KANT, I. **Crítica da razão prática**. Rio de Janeiro: Edições 70, 1989.

KANT, I. **Crítica da razão pura**. Lisboa: Edições 70, 1986.

KELLER, D.; BUDASZ, R. (Org.). **Criação musical e tecnologias**: teoria e prática interdisciplinar. Goiânia: Anppom, 2010. (Série Pesquisa em Música no Brasil, v. 2). Disponível em: <https://www.anppom.com.br/ebooks/index.php/pmb/catalog/view/2/3/36-1>. Aceso em: 15 fev. 2022.

KELLER, D.; LIMA, M. H. de. **Aplicações em música ubíqua**. São Paulo: Anppom, 2018. (Série Pesquisa em Música no Brasil, v. 7). Disponível em: <https://www.anppom.com.br/ebooks/index.php/pmb/catalog/view/10/10/52-3>. Acesso em: 15 fev. 2022.

KERR, D. **A música no século XX**. São Paulo: Unesp; Univesp, 2012. Disponível em: <https://acervodigital.unesp.br/bitstream/123456789/40520/1/01d18t05.pdf>. Acesso em: 18 fev. 2022.

KIEFER, B. **História da música brasileira**: dos primórdios ao início do século XX. Porto Alegre: Movimento, 1982.

KOELLREUTTER, H. J. **Introdução à estética e à composição musical contemporânea**. Porto Alegre: Movimento, 1987.

KUHN, T. S. **A estrutura das revoluções científicas**. Tradução de Beatriz Vianna Boeira e Nelson Boeira. São Paulo: Perspectiva, 1997.

LANGER, S. **Sentimento e forma**: uma teoria da arte desenvolvida a partir de filosofia em nova chave. Tradução de Ana M. Goldberger Coelho e J. Guinsburg. São Paulo: Perspectiva, 2011.

LIMA, P. C. **Teoria e prática do compor I**: diálogos de invenção e ensino. Salvador: EDUFBA, 2012.

LIMA, P. C. **Teoria e prática do compor II**: diálogos de invenção e ensino. Salvador: EDUFBA, 2014.

LIPOVETSKY, G. **Os tempos hipermodernos**. Tradução de Mário Vilela. São Paulo: Barcarolla, 2004.

LIPPMAN, E. **A History of Western Musical Aesthetics**. Lincoln: University of Nebraska Press, 1992.

LIPPMAN, E. **The Philosophy e Aesthetics of Music**. Lincoln: University of Nebraska Press, 1999.

LOTMAN, Y. Texto, discurso, cultura. In: SCHNEIDEMAN, B. **Semiótica russa**. São Paulo: Perspectiva, 1992. p.31-41.

LOUREIRO, A. M. A. **O ensino de música na escola fundamental**. Campinas: Papirus, 2016.

LÜDKE, M.; ANDRÉ, M. E. D. A. **Pesquisa em educação**: abordagens qualitativas. Rio de Janeiro: E.P.U., 2018.

LÜHNING, A. Temas emergentes da etnomusicologia brasileira. **Música em Perspectiva**, v. 7, n. 2, p.7-25, dez. 2014. Disponível em: <https://revistas.ufpr.br/musica/article/view/41501/25451>. Acesso em: 22 fev. 2022.

LÜHNING, A.; TUGNY, R. P. **Etnomusicologia no Brasil**. Salvador: EDUFBA, 2016.

LYOTARD, J.-F. **A condição pós-moderna**. Lisboa: Gradiva, 1989.

MACHADO NETO, D. Curt Lange e Régis Duprat: os modelos críticos sobre a música no período colonial brasileiro. **Revista Brasileira de Música**, Rio de Janeiro, v. 23, n. 2, p. 73-94, 2010.

MACHADO, I. **Escola de semiótica**: a experiência de Tártu-Moscou para o estudo da cultura. Cotia: Ateliê; Fapesp, 2003.

MAIA, G.; SERAFIM, J. F. (Org.). **Ouvir o documentário**: vozes, música, ruídos. Salvador: EDUFBA, 2015.

MAIA, G.; ZAVALA, L. (Org.). **Cinema musical na América Latina**: aproximações contemporâneas. Salvador: EDUFBA, 2018.

MARIZ, V. **História da música no Brasil**. Rio de Janeiro: Nova Fronteira, 2000.

MARTÍN-BARBERO, J. **Dos meios às mediações**: comunicação, cultura e hegemonia. Tradução de Ronald Polito e Sérgio Alcides. 2. ed. Rio de Janeiro: Ed. da UFRJ, 2003.

MARTINO, L. M. S. **Teoria da comunicação**: ideias, conceitos e métodos. Petrópolis: Vozes, 2009.

MATEIRO, T. Educação musical nas escolas brasileiras: retrospectiva histórica e tendências pedagógicas atuais. **Revista Nupeart**, v. 4, n. 4, p. 115-135, set. 2006. Disponível em: <https://www.revistas.udesc.br/index.php/nupeart/article/view/2659/1970>. Acesso em: 22 fev. 2022.

MATEIRO, T.; ILARI, B. (Org.). **Pedagogias brasileiras em educação musical**. Curitiba: InterSaberes, 2015.

MATEIRO, T.; ILARI, B. (Org.). **Pedagogias em educação musical**. Curitiba: InterSaberes, 2012.

MERRIAM, A. P. **The Anthropology of Music**. Evanston: Northwestern University Press, 1964.

MÉSZÁROS, I. **A educação para além do capital**. Tradução de Isa Tavares. São Paulo: Boitempo, 2008.

MIRANDA, S. R. A ressonância do modelo analítico de Philipp Tagg para os estudos da música no cinema. **Rebeca: Revista Brasileira de Estudos de Cinema e Audiovisual**, São Paulo, v. 3, n. 2, p. 1-19, jul./dez. 2014. Disponível em: <https://rebeca.socine.org.br/1/article/view/130/49>. Acesso em: 15 fev. 2022.

MIRANDA, S. R. O legado de Gorbman e seus críticos para os estudos da música no cinema. **Contracampo**, Rio de Janeiro, n. 23, p. 160-170, dez. 2011. Disponível em: <https://periodicos.uff.br/contracampo/article/view/17231/10869>. Acesso em: 15 fev. 2022.

MOCELIN, M. R.; SILVA, W. da. **Epistemologia genética**. Curitiba: Contentus, 2020.

MORAES, J. J. de. **O que é música**. São Paulo: Brasiliense, 1983.

MORETTO, M. A. P. **Ser professor reflexivo não é um bicho-de-sete-cabeças**. Rio de Janeiro: Ciência Moderna, 2013.

MÚSICA HODIE. Disponível em: <https://www.revistas.ufg.br/musica>. Acesso em: 16 fev. 2022.

MÚSICA POPULAR EM REVISTA. Disponível em: <https://www.publionline.iar.unicamp.br/index.php/muspop>. Acesso em: 16 fev. 2022.

MÚSICA POPULAR EM REVISTA. Música popular nordestina e mercado (1950-2010). Campinas: Unicamp, v. 6, n. 2, 2019. Dossiê. Disponível em: <https://econtents.bc.unicamp.br/inpec/index.php/muspop/issue/view/647>. Acesso em: 16 fev. 2022.

NAPOLITANO, M. **História e música**: história cultural da música popular. Belo Horizonte: Autêntica, 2002.

NAPOLITANO, M. Prefácio. In: VALENTE, H. de A. D. (Org.). **A canção romântica no Brasil nos "anos de chumbo"**: paisagens sonoras e imaginários na cultura midiática. São Paulo: Letra e Voz, 2018. p. 11-14.

NAPOLITANO, M. **Seguindo a canção**: engajamento político e indústria cultural na MPB – 1959-1989. São Paulo: Annablume/Fapesp, 2001.

NATTIEZ, J.-J. O desconforto da musicologia. **Per Musi**, n. 11, p. 5-18, 2005.

NEVES, J. M. **Música contemporânea brasileira**. São Paulo: Ricordi, 1981.

NIETZSCHE, F. **O caso Wagner e Nietzsche contra Wagner**. São Paulo: Companhia de Bolso, 2016.

NIETZSCHE, F. **O nascimento da tragédia ou helenismo e pessimismo**. Tradução de Jacó Guinsburg. São Paulo: Companhia das Letras, 1999.

NOGUEIRA, I. Análise e crítica musical: entre ideologias e utopias. In: VOLPE, M. A. (Org.). **Teoria, crítica e música na atualidade**. Rio de Janeiro: Ed. da UFRJ, 2012. p. 17-30.

NOGUEIRA, I.; BARROS, G. S. (Org.). **Teoria e análise musical em perspectiva didática**. Salvador: EDUFBA, 2017.

NOGUEIRA, I.; BORÉM, F. (Org.). **O pensamento musical criativo**: teoria, análise e os desafios interpretativos da atualidade. Salvador: EDUFBA, 2015.

NOGUEIRA, I.; COSTA, V. F. (Org.). **A experiência musical**: perspectivas teóricas. Salvador: EDUFBA, 2019.

NOGUEIRA, I. P.; FONSECA, S. C. **Estudos de gênero, corpo e música**: abordagens metodológicas. Goiânia: Anppom, 2013. (Série Pesquisa em Música no Brasil, v. 3). Disponível em: <https://www.anppom.com.br/ebooks/index.php/pmb/catalog/view/3/4/24-1>. Acesso em: 15 fev. 2022.

NOGUEIRA, M. Semântica cognitiva: do processo criativo à musicologia. In: VOLPE, M. A. (Org.). **Teoria, crítica e música na atualidade**. Rio de Janeiro: Ed. da UFRJ, 2012. p. 273-282.

OLIVEIRA, J. de. **A significação da música no cinema**. Jundiaí: Paco, 2018.

OPOLSKI, D.; BELTRÃO, F.; CARREIRO, R. (Org.). **Estilo e som no audiovisual**. São Paulo: Socine, 2019.

OPUS. Disponível em: <https://www.anppom.com.br/revista/index.php/opus/index>. Acesso em: 16 fev. 2022.

OXFORD MUSIC ONLINE. Disponível em: <https://www.oxfordmusiconline.com/>. Acesso em: 22 fev. 2022.

PEIRCE, C. S. **Semiótica**. São Paulo: Perspectiva, 1998.

PENNA, M. **Construindo o primeiro projeto de pesquisa em educação e música**. 3. ed. Porto Alegre: Sulina, 2017.

PENNA, M. **Reavaliações e buscas em musicalização**. São Paulo: Loyola, 1990.

PEREIRA, E. P. R.; GILLANDERS, C. A investigação doutoral em educação musical no Brasil: meta-análise e tendências temáticas de 300 teses. **Revista da Abem**, v. 27, n. 43, p. 105-131, jul./dez. 2019. Disponível em: <http://www.abemeducacaomusical.com.br/revistas/revistaabem/index.php/revistaabem/article/view/850/558>. Acesso em: 22 fev. 2022.

PIAGET, J. **Abstração reflexionante**. Tradução de Fernando Becker e Petronilha Beatriz Gonçalves da Silva. Porto Alegre: Artes Médicas, 1995.

PIAGET, J. **Fazer e compreender**. Tradução de Christina Larroudé de Paula Leite. São Paulo: Melhoramentos, 1978.

PIAGET, J. **O possível e o necessário**. Porto Alegre: Artes Médicas, 1985.

PIBIC – Programa Institucional de Bolsas de Iniciação Científica. Disponível em: <https://pages.cnpem.br/pibic/>. Acesso em: 9 fev. 2022.

PILETTI, C.; PILETTI, N. **História da educação**: de Confúcio a Paulo Freire. São Paulo: Contexto, 2018.

PILETTI, N.; ROSSATO, S. M. **Psicologia da aprendizagem**: da teoria do condicionamento ao construtivismo. São Paulo: Contexto, 2012.

PLATÃO. **As leis**. São Paulo: Edipro, 2010.

PRIORE, I. O desenvolvimento da teoria musical como disciplina independente: princípio, conflitos e novos caminhos. **Opus**, Porto Alegre, v. 19, n. 1, p. 9-26, jun. 2013. Disponível em: <https://www.anppom.com.br/revista/index.php/opus/article/view/146/123>. Acesso em: 22 fev. 2022.

REVISTA BRASILEIRA DE ESTUDOS EM MÚSICA E MÍDIA. Disponível em: <http://musimid.mus.br/revistamusimid/index.php/musimid>. Acesso em: 16 fev. 2022.

REVISTA DA ABEM. Disponível em: <http://www.abemeducacaomusical.com.br/revistas/revistaabem/index.php/revistaabem/index>. Acesso em: 16 fev. 2022.

REVISTA MÚSICA. Disponível em: <https://www.revistas.usp.br/revistamusica>. Acesso em: 16 fev. 2022.

REVISTA MÚSICA. Bicentenário de Clara Schumann (1819-2019), uma reflexão sobre a atuação e a visibilidade das mulheres na música. São Paulo: USP, v. 19, n. 1, 2019. Dossiê. Disponível em: <https://www.revistas.usp.br/revistamusica/issue/view/11177>. Acesso em: 16 fev. 2022.

RINK, J. Sobre a performance: o ponto de vista da musicologia. Tradução de Pedro Sperandio. **Revista Música**, v. 13, n. 1, p. 32-60, ago. 2012. Disponível em: <https://www.revistas.usp.br/revistamusica/article/view/55105/58742>. Acesso em: 18 fev. 2022.

ROCHA, E.; ZILLE, J. A. B. (Org.). **Musicologia(s)**. Barbacena: EdUEMG, 2016.

RÜDIGER, F. **As teorias da cibercultura**: perspectivas, questões e autores. Porto Alegre: Sulina, 2011.

SALLES, P. de T. **Villa-Lobos**: processos composicionais. Campinas: Ed. da Unicamp, 2009.

SANDRONI, C. Apontamentos sobre a história e o perfil institucional da etnomusicologia no Brasil. **Revista USP**, São Paulo, n. 77, p. 66-75, mar./maio 2008. Disponível em: <https://www.revistas.usp.br/revusp/article/view/13656/15474>. Acesso em: 22 fev. 2022.

SANDRONI, C. **Feitiço decente**: transformações do samba no Rio de Janeiro (1917-1933). Rio de Janeiro: Zahar, 2001.

SANTAELLA, L. **Comunicação e pesquisa**: projetos para mestrado e doutorado. São Paulo: Hacker, 2001.

SANTAELLA, L. **Matrizes da linguagem e pensamento**: sonora visual verbal – aplicações na hipermídia. São Paulo: Iluminuras; Fapesp, 2005.

SANTOS, A. E. **O antropofagismo na obra pianística de Gilberto Mendes**. São Paulo: Annablume, 1997.

SANTOS, T. F. Feminismo e política na música erudita no Brasil. **Revista Música**, São Paulo, v. 19, n. 2, p. 220-240, jul. 2019. Disponível em: <https://www.revistas.usp.br/revistamusica/article/view/158102/154373>. Acesso em: 22 fev. 2022.

SARAIVA, C. **Violão-canção**: diálogos entre o violão solo e a canção popular. São Paulo: Sesc, 2018.

SCHAFER, R. M. **A afinação do mundo**. Tradução de Marisa Trench Fonterrada. São Paulo: Ed. da Unesp, 2011.

SCHAFER, R. M. **O ouvido pensante**. Tradução de Marisa Trench Fonterrada, Magda R. Gomes da Silva e Maria Lúcia Pascoal. São Paulo: Ed. da Unesp, 1991.

SCHNEIDER, L. A. **Filosofia da educação**. Curitiba: InterSaberes, 2013.

SCHÖNBERG, A. **Fundamentos da composição musical**. Tradução de Eduardo Seincman. 3. ed. São Paulo: Edusp, 2015.

SCHOPENHAUER, A. **O mundo como vontade e como representação**. São Paulo: Ed. Unesp, 2005.

SCIELO – Scientific Electronic Libray Online. Disponível em: <https://www.scielo.br/>. Acesso em: 21 fev. 2022.

SCOPUS. Disponível em: <https://www.elsevier.com/solutions/scopus>. Acesso em: 21 fev. 2022.

SEKEFF, M. L. Música e semiótica. In: TOMÁS, L. (Org.). **De sons e de signos**: música, mídia e contemporaneidade. São Paulo: Educ, 1998. p. 33-58.

SEVERINO, A. J. A filosofia na formação do jovem e a ressignificação de sua experiência existencial. In: KOHAN, W. (Org.). **Ensino de filosofia**: perspectivas. Belo Horizonte: Autêntica, 2013. p. 183-194.

SEVERINO, A. J. A Filosofia na formação universitária. **Revista Páginas de Filosofia**, v. 2, n. 1, p. 31-45, jan./jun. 2010.

SEVERINO, A. J. **Metodologia do trabalho científico**. São Paulo: Cortez, 2016.

SHERIDAN, P. **Compreender Locke**. Tradução de Fábio Ribeiro. Petrópolis: Vozes, 2013.

SOARES, L. **Música, educação e inclusão**: reflexões e práticas para o fazer musical. Curitiba: InterSaberes, 2020.

STRAVINSKI, I.; CRAFT, R. **Conversas com Igor Stravinski**. São Paulo: Perspectiva, 2010.

SWANWICK, K. **Ensinando música musicalmente**. Tradução de Alda Oliveira e Cristina Tourinho. São Paulo: Moderna, 2003.

TATIT, L. **A canção**: eficácia e encanto. São Paulo: Atual, 1986.

TATIT, L. **Musicando a semiótica**: ensaios. São Paulo: AnnaBlume, 1997.

TATIT, L. **O cancionista**: composição de canções no Brasil. São Paulo: Edusp, 1996.

TATIT, L. **O século da canção**. Cotia: Ateliê, 2004.

TATIT, L. **Semiótica da canção**: melodia e letra. São Paulo: Escuta, 1994.

TATIT, L. **Todos entoam**: ensaios, conversas e canções. São Paulo: Publifolha, 2007.

TEMA – Associação Brasileira de Teoria e Análise Musical. Disponível em: <https://tema.mus.br/novo/index.html>. Acesso em: 22 fev. 2022.

THIOLLENT, M. **Metodologia da pesquisa-ação**. São Paulo: Cortez, 2009.

TOMÁS, L. (Org.). **De sons e de signos**: música, mídia e contemporaneidade. São Paulo: Educ, 1998.

TOMÁS, L. (Org.). **Fronteiras da música**: filosofia, estética, história e política. São Paulo: Anppom, 2016. (Série Pesquisa em Música no Brasil, v. 6). Disponível em: <https://www.anppom.com.br/ebooks/index.php/pmb/catalog/view/6/5/37-3>. Acesso em: 15 fev. 2022.

TOMÁS, L. (Org.). **A pesquisa acadêmica na área de música**: um estado da arte (1988-2013). Porto Alegre: Anppom, 2015. (Série Pesquisa em Música no Brasil, v. 4). Disponível em: <https://www.anppom.com.br/ebooks/index.php/pmb/catalog/view/4/6/34-2>. Acesso em: 14 fev. 2022.

TOMÁS, L. **Música e filosofia**: estética musical. São Paulo: Irmãos Vitale, 2005.

TOMÁS, L. **Ouvir o lógos**: música e filosofia. São Paulo: Ed. da Unesp, 2002.

TOMAZETTI, E. M. O papel da filosofia na formação de educadores. In: SEVERINO, A. J.; LORIERI, M. A.; GALLO, S. (Org.). **O papel formativo da filosofia**. Jundiaí: Paço, 2016. p. 69-84.

TRAGTENBERG, L. **Contraponto**: arte de compor. 2. ed. São Paulo: Edusp, 2002.

TRAGTENBERG, L. **Música de cena**: dramaturgia sonora. São Paulo: Perspectiva, 1999.

TRAGTENBERG, L. (Org.). **O ofício do compositor hoje**. São Paulo: Perspectiva, 2012. (Signos Música, v. 14).

ULHÔA, M. T. de. Pesquisa artística. **Art Research Journal**, v. 1-2, p. I-VI, ago. 2014. Editorial. Disponível em: <https://periodicos.ufrn.br/artresearchjournal/article/view/5616/4532>. Acesso em: 14 fev. 2021.

VALENTE, H. de A. D. (Org.). **A canção romântica no Brasil nos "anos de chumbo"**: paisagens sonoras e imaginários na cultura midiática. São Paulo: Letra e Voz, 2018.

VALENTE, H. de A. D. A música, nos estudos de comunicação; a Comunicação, nos estudos sobre música: um diálogo esperado... In: CONGRESSO DA ASSOCIAÇÃO NACIONAL DE PESQUISA E PÓS-GRADUAÇÃO EM MÚSICA, 27., 2017, Campinas. Disponível em: <https://anppom.com.br/congressos/index.php/27anppom/cps2017/paper/viewFile/4880/1641>. Acesso em: 14 fev. 2022.

VALENTE, H. de A. D. **As vozes da canção da mídia**. São Paulo: Via Lettera; Fapesp, 2003.

VALENTE, H. de A. D. **Música e mídia**: novas abordagens sobre a canção. São Paulo: Via Lettera; Fapesp, 2007.

VIANNA, H. **O mistério do samba**. 2. ed. Rio de Janeiro: Zahar, 1995.

VIANNA, H. **O mundo funk carioca**. 5. ed. Rio de Janeiro: Zahar, 1997.

VIOLÃO-CANÇÃO. Disponível em: <http://www.violao-cancao.com/>. Acesso em: 18 fev. 2022.

VOLPE, M. A. Análise musical e contexto: propostas rumo à crítica cultural. **Debates: Cadernos do Programa de Pós-Graduação em Música**, Rio de Janeiro, v. 7, p. 113-136, 2004.

VOLPE, M. A. Razão e sensibilidade para a musicologia contemporânea. In: VOLPE, M. A. (Org.). **Teoria, crítica e música na atualidade**. Rio de Janeiro: Ed. da UFRJ, 2012. p. 157-163.

WISNIK, J. M. **O nacional e o popular na cultura brasileira**: música II. São Paulo: Brasiliense, 1982.

WISNIK, J. M. **O som e o sentido**: uma outra história das músicas. São Paulo: Companhia das Letras, 1989.

WISNIK, J. M. **Sem receita**: ensaios e canções. São Paulo: Publifolha, 2004.

ZAMBONI, S. **A pesquisa em arte**: um paralelo entre arte e ciência. Campinas: Autores Associados, 2006.

ZERBINATTI, C. D.; NOGUEIRA, I. P.; PEDRO, J. M. P. A emergência do campo de música e gênero no Brasil: reflexões iniciais. **Descentrada**, Buenos Aires, v. 2, n. 1, e034, mar. 2018.

ZUMTHOR, P. **Introdução à poesia oral**. Tradução de Maria Inês de Almeida. Belo Horizonte: Ed. da UFMG, 2010.

ZUMTHOR, P. **Performance, recepção, leitura**. Tradução de Jerusa Pires Ferreira e Suely Fenerich. São Paulo: Cosac Naify, 2007.

BIBLIOGRAFIA COMENTADA

CARVALHO, M. C. M. de (Org.). **Construindo o saber**: metodologia científica – fundamentos e técnicas. 24. ed. Campinas: Papirus, 2012.

> Escrita por vários autores, essa obra é destinada a todos os universitários que se iniciam no estudo da metodologia da ciência. O livro detém-se sobre a problemática do conhecimento, da ciência e da pesquisa, abordando os aspectos da construção do saber científico, as perspectivas da ciência, o estudo como forma de pesquisa, o trabalho monográfico como iniciação à pesquisa científica e o pôster como estratégia de socialização de trabalhos acadêmicos.

FREIRE, V. L. B. (Org.). **Horizontes da pesquisa em música**. Rio de Janeiro: 7 Letras, 2010.

> O livro apresenta questões fundamentais da pesquisa em música por meio da interação entre a prática musical e a reflexão teórica. Detalha os passos da pesquisa sobre música como atividade científica, discutindo seus requisitos e métodos e enfocando a dimensão criativa da pesquisa e a valorização da abordagem subjetivista, com a proposição de questões e sugestões a pesquisadores iniciantes.

GIL, A. C. **Como elaborar projetos de pesquisa**. São Paulo: Atlas, 2018.

A obra apresenta as diretrizes essenciais para a elaboração de projetos de pesquisa. O autor indica como classificar as pesquisas bibliográficas, documentais e experimentais e orienta como delinear estudos de caso, pesquisa etnográfica, pesquisa-ação, pesquisa participante, entre outras. Detalha, ainda, como redigir um projeto de pesquisa, apresentando sua estrutura padrão, o estilo do texto e as principais regras para configurar os aspectos gráficos do projeto.

PENNA, M. **Construindo o primeiro projeto de pesquisa em educação e música**. 3. ed. Porto Alegre: Sulina, 2017.

O livro apresenta as etapas de elaboração de um projeto de pesquisa com base na experiência da autora na área de educação musical. Aborda os pressupostos do conhecimento, da ciência e da pesquisa, o processo de formulação do problema de pesquisa, a revisão bibliográfica e sua função, os objetivos, a hipótese, as alternativas metodológicas na pesquisa qualitativa, em particular com o estudo de caso, o trabalho com fontes documentais, o uso de entrevistas e questionários e a ética na pesquisa em educação e educação musical.

SEVERINO, A. J. **Metodologia do trabalho científico**. São Paulo: Cortez, 2016.

> A obra fornece instrumentos técnicos da metodologia científica como recurso para aprender a pensar e desenvolver o trabalho intelectual em diversas atividades práticas da vida universitária. Nesse sentido, o autor apresenta diretrizes para a organização da vida de estudos na universidade, para a leitura, a análise e a interpretação de textos, a realização de seminários e a redação de uma resenha, bem como detalha diretrizes para a elaboração de um projeto e de uma monografia científica, tanto na graduação quanto na pós-graduação.

TOMÁS, L. **Música e filosofia**: estética musical. São Paulo: Irmãos Vitale, 2005.

> O livro aborda um breve panorama do pensamento musical ocidental desde a Grécia antiga até o século XVIII. A pesquisadora Lia Tomás discute os diferentes significados da música ao longo da história da filosofia, adentrando o campo da estética musical na Antiguidade, com destaque para Pitágoras, Platão e Aristóteles, na Idade Média, em especial com Santo Agostinho e Boécio, no Renascimento, no barroco e no classicismo. Portanto, trata-se de uma obra essencial na contextualização do encontro entre a filosofia e a pesquisa sobre música.

RESPOSTAS

Capítulo 1
Teste de som
1. e
2. c
3. d
4. a
5. e

Treinando o repertório

Pensando na letra
1. Para fazer a atividade, é preciso rever a parte do capítulo que descreve como a música foi discutida ao longo da história da filosofia. Você pode destacar alguma concepção estética sobre linguagem da música, conceitos e funções com base nos pensadores fundamentais apresentados.
2. Espera-se, para essa atividade, a revisão dos principais conceitos e análises de Adorno sobre a música e sua relação com a indústria cultural, refletindo-se sobre a fetichização da música, a regressão da audição e a padronização da música massiva tanto no período histórico de Adorno quanto no debate atual em relação à música *pop* e às transformações das relações entre música e mídia.

Capítulo 2
Teste de som
1. c
2. d
3. c
4. e
5. c

Treinando o repertório

Pensando na letra
1. A pesquisa científica é o resultado de um inquérito ou exame minucioso e sistematizado, realizado com o objetivo de resolver um problema, recorrendo a procedimentos científicos. A pesquisa em música segue os princípios da pesquisa científica e, por isso, depende de sua metodologia para seu desenvolvimento.
2. O esquema deve indicar as fases da pesquisa em música: definição do objeto, problema, hipóteses, justificativa, objetivos, referencial teórico e metodologia de pesquisa.

Capítulo 3
Teste de som
1. b
2. d
3. a
4. d
5. e

Treinando o repertório

Pensando na letra

1. Espera-se que o levantamento de possíveis objetos de pesquisa na área de música considere autores (compositores, letristas, regentes, instrumentistas etc.) e produtos (canções, acervos e coleções musicais, partituras, filmes, videoclipes etc.), além dos processos de criação, divulgação e recepção ou recortes teóricos, históricos, filosóficos, estéticos e interdisciplinares da música.
2. Espera-se a elaboração de uma síntese dos conceitos apresentados no capítulo, analisando-se sua importância para a construção, a percepção e a análise do conhecimento implicadas na educação musical e na prática da pesquisa em música.

Capítulo 4
Teste de som
1. c
2. a
3. b
4. a
5. d

Treinando o repertório

Pensando na letra

1. Espera-se a compreensão da importância da Escola de Frankfurt e da teoria crítica para a análise da sociedade e da cultura do século XX, com destaque para as ideias de Adorno sobre a educação e a emancipação, em seu debate

sobre como o processo formativo educacional precisa ser baseado na autonomia, no ensino de conhecimentos científicos, humanos e artísticos, que potencializam a consciência crítica diante da opressão e da alienação promovidas pela sociedade capitalista.
2. O texto deve abordar algumas contribuições da filosofia e do ato de filosofar na educação, na formação de educadores e na pesquisa em música.
3. Espera-se a indicação de alguns avanços históricos e teóricos da pesquisa em música no século XX, ressaltando-se como as principais teorias sobre música se expandem com a diversidade de tendências, movimentos e estilos musicais desse período, tanto na música erudita quanto na popular. Além disso, é importante destacar a importância da criação dos cursos de graduação e pós-graduação, que consolidaram o campo de estudo em música, reconfigurando paradigmas, domínios e perspectivas da pesquisa na área e enfatizando sua característica primordial como campo de conhecimento interdisciplinar.

Capítulo 5
Teste de som
1. b
2. e
3. c
4. a
5. e

Treinando o repertório

Pensando na letra

1. Espera-se a leitura atenta de um ou mais artigos científicos, verificando-se as normas e recomendações para a redação de um texto científico abordadas no capítulo. Recomenda-se a identificação da clareza e da objetividade na exposição dos temas, dos problemas, dos objetivos, dos métodos e da fundamentação teórica dos artigos, além da averiguação do uso das normas da ABNT na elaboração das citações e das referências.
2. Para fazer a atividade proposta, é preciso realizar o levantamento dos TCCs de sua universidade. Separe os trabalhos que mais interessarem ou tiverem afinidade com seu projeto. Realize uma leitura atenta para verificar temas, problemas, objetivos, fundamentação teórica, metodologia e apresentação dos resultados das pesquisas. Esses trabalhos poderão integrar seu levantamento bibliográfico e, ainda, servir como estímulo para a proposição de novos projetos.

Capítulo 6
Teste de som
1. c
2. c
3. a
4. a
5. e

Treinando o repertório

Pensando na letra
1. Para fazer a atividade, é preciso rever o capítulo apontando possíveis temas da pesquisa em música conforme as linhas de pesquisa de educação musical, etnomusicologia, composição, sonologia, musicologia, estética musical, teoria e análise musical, entre outras.
2. Espera-se a redação de um texto que apresente a importância do ensino e da aprendizagem da música nas escolas, da educação básica ao ensino superior, além de contemplar a iniciação musical em atividades de extensão, cursos livres e escolas especializadas em música fora do contexto acadêmico, relacionando-se temas e questões sobre a educação musical e sua função social, cultural e artística para a formação da sensibilidade, da criatividade e da técnica musical.

SOBRE A AUTORA

Márcia Carvalho é pós-doutora em Meios e Processos Audiovisuais na Escola de Comunicação e Artes da Universidade de São Paulo (ECA-USP), doutora em Música de Cinema pela Universidade Estadual de Campinas (Unicamp), mestre em Ciências da Comunicação pela ECA-USP e bacharel em Comunicação Social pela Universidade Estadual Paulista (Unesp). É professora das disciplinas de Elementos da Linguagem Musical e Trilha Sonora em cursos de Comunicação e Audiovisual. Atua como orientadora de trabalhos de conclusão de curso, iniciação científica, monitorias e estágios desde 2004. É pesquisadora do Centro de Estudos em Música e Mídia (MusiMid) e autora de livros na área. Também atua como pesquisadora nas áreas de comunicação, filosofia e artes, com ênfase em música de cinema.

Para eventual contato com a autora: profmarciacarvalho@yahoo.com.br

Impressão:
Maio/2022